Karl Pinggéra (Hg.)

Tradition und Wandel im Land der Königin von Saba

Ansichten aus und zu Äthiopien

Evangelische Akademie 2011

Abbildung auf dem Umschlag:
Konstanze Runge, Marburg:
Äthiopisch-orthodoxe Prozession in Addis Abeba 2008

© Evangelische Akademie Hofgeismar
1. Auflage 2011
ISBN 978-3-89281-265-4

Inhalt

Vorwort

„Die Kirche: Quell der Weisheit, Hort der Armen" – Diese Überschrift stammt aus dem Jahr 1966. So konnte ein angesehener äthiopisch-orthodoxer Theologe die Rolle seiner Kirche in Staat und Gesellschaft zusammenfassen.[1] Habte-Mariam Workineh, seinerzeit Dekan der Dreifaltigkeitskathedrale und Theologe an der Universität zu Addis Abeba, sah wohl die Gefahren, denen das Christentum in den Umbrüchen der Moderne ausgesetzt war. Und doch schien ihm Äthiopien davon unberührt: „Obwohl heute in der ganzen Welt materielles Denken gegenüber geistigen Werten vorherrscht, ist für Äthiopien nichts Ernstliches zu befürchten; weder die Älteren noch die Jungen haben sich von der Kirche getrennt." Auch Beobachter im Westen, die mit Geschichte und Gegenwart der äthiopischen Orthodoxie vertraut waren, konnten in den 1960er Jahren zu einer ähnlichen Einschätzung gelangen. In der noch heute lesenswerten Darstellung Ernst Hammerschmidts wurde 1967 das Bild einer Kirche gezeichnet, die fest in ihren Traditionen verankert war, zugleich aber erste Schritte auf dem Weg einer behutsamen Modernisierung ging.[2] Als Garant stabiler Entwicklung galt die staatskirchliche Stellung der Orthodoxie, die unter einem christlichen Kaiser vom Staatsvolk der Amharen getragen wurde.

Erst 1965 hatte Hayle Selassie eine Konferenz aller orientalisch-orthodoxen Kirchen nach Addis Abeba einberufen. Es war die erste derartige Versammlung in der Geschichte dieser Kirchenfamilie, zu der außer der äthiopischen Kirche die Armenisch-Apostolische, die Koptisch-Orthodoxe, die Syrisch-Orthodoxe Kirche sowie die syrisch-orthodoxe Thomaschristenheit Indiens gehörten (später entstand noch die Eritreisch-Orthodoxe Kirche). Ihr Zusammengehörigkeitsgefühl ist, auch im ökumenischen Kontext, durch das Treffen von 1965 entscheidend befördert worden. In der ersten Resolution hatte die Konferenz dem äthiopischen Kaiser den stolzen Titel eines „Verteidigers des Glaubens" zugesprochen. Äthiopien war das einzige Land auf Erden, in dem

---

1 Habte-Mariam Workineh in: Merian X/XIX (Okt. 1966), S. 21-24.
2 Vgl. Ernst Hammerschmidt, Äthiopien. Christliches Reich zwischen Gestern und Morgen, Wiesbaden 1967, S. 147-149 („Ausblick").

orientalisch-orthodoxe Christen unter einem christlichen Herrscher lebten, der noch dazu Angehöriger ihrer eigenen Konfession war. Äthiopien, das scheinbar mutig in die Zukunft aufgebrochen war, musste die Führungsrolle im Raum des orientalisch-orthodoxen Christentums zufallen.

Der Verlauf der Geschichte hat vielen Hoffnungen zunichte gemacht. Anfang der 1970er Jahre übernahm das kommunistische Derg-Regime die Macht. Die Monarchie wurde 1975 abgeschafft und eine sozialistische Volksrepublik ausgerufen. Für die Kirchenführung brach eine Zeit harter Unterdrückung an. Freilich sollte das kirchliche Leben, das im Volk tief verankert war, nicht erlöschen. Doch verlor die Kirche ihre gewohnte privilegierte Stellung, auch wurde sie ihrer ökonomischen Basis weithin beraubt. Mit dem Zusammenbruch des kommunistischen Zwangsregimes 1991 sind nicht einfach die alten Verhältnisse wiedergekehrt. Das orthodoxe Staatskirchentum wurde in der neuen Verfassung nicht mehr festgeschrieben. Dagegen rückte verstärkt die Aufgabe in den Blick, das gedeihliche Zusammenleben in einem *multiethnischen* und *multireligiösen* Land zu gestalten. Die orthodoxe Kirche musste sich in den vergangenen beiden Jahrzehnten auf neue rechtliche und gesellschaftliche Bedingungen einstellen. Dazu gehören auch die Beziehungen zu anderen christlichen Konfessionen und zum Islam.

Die Tagung der Evangelischen Akademie Hofgeismar am 23.-25. Oktober 2009 setzte einen Schwerpunkt auf diese jüngeren Entwicklungen. Daneben sollte auch eine allgemeine Einführung in Geschichte und religiöses Leben der äthiopischen Orthodoxie geboten werden. Es versteht sich von selbst, dass dabei nur einzelne Aspekte angesprochen werden konnten. Der vorliegende Band versammelt einige der in Hofgeismar gehaltenen Referate. *Michael Kleiner* (Marburg) und *Jörg Haustein* (Heidelberg) haben ihre Beiträge aus einer intimen Kenntnis der äthiopischen Gesellschaft verfasst. Beide Gelehrte haben über mehrere Jahre in Äthiopien gelebt und geforscht. Der Überblick über die Geschichte der Äthiopisch-Orthodoxen Kirche stammt vom Herausgeber des vorliegenden Bandes.

Wer sich im Raum der evangelischen Theologie mit der Christenheit Äthiopiens befasst, steht unweigerlich auf den Schultern *Friedrich Heyers* (1908-2005), der sich als Professor für Konfessionskunde an der Heidelberger Theologischen Fakultät der äthiopisch-orthodoxen Kirche in Forschung und Lehre, aber auch in der helfenden Tat angenommen hat. Um die traditionellen Kirchenschulen zu fördern und sie um moderne Inhalte zu ergänzen, hatte Heyer 1975 die „Tabor Society" gegründet, die auch nach dem Tod ihres Gründers dessen Anliegen weiterführt. Heyer hatte Äthiopien auf Reisen schon früh persönlich kennen gelernt und in sein Herz geschlossen. Davon berichtet u.a.

seine wenig bekannte Autobiographie, die bislang nur in Form des von ihm selbst erstellten Typoskriptes vorliegt.[3] Es bot sich an, den Abschnitt über Heyers erste Begegnungen mit Äthiopien in diesen Band aufzunehmen und ihn dadurch einem (hoffentlich) breiteren Leserkreis zur Verfügung zu stellen. Was aus diesen Zeilen spricht, ist die tiefe Sympathie eines evangelischen Theologen für das Land, seine Leute und seine Kirche. Sie erinnern daran, dass in solcher unmittelbaren Begegnung das Fundament jeder konfessionskundlichen Arbeit liegt, die sich einer anderen Glaubenstradition mit Einfühlungsvermögen und Wertschätzung nähert.

Es war eine besondere Ehre und Freude, dass H.H. Pfarrer *Mesfin Feleke* von der äthiopisch-orthodoxen Gemeinde zum Heiligen Gabriel in München unsere Tagung begleitet hat. Sein Referat berichtet u.a. vom System der theologischen Ausbildung in Äthiopien sowie von der Situation der Kirchengemeinden in Deutschland. Pfarrer Feleke beginnt seinen Beitrag mit einem kurzen historischen Rückblick auf die Anfänge der Kirche. Dabei durfte die Erinnerung an den Besuch der äthiopischen Königin von Saba am Hofe des Königs Salomo nicht fehlen. Nach traditioneller Überzeugung entstand aus der Verbindung der beiden Monarchen eine enge Beziehung Äthiopiens zur Heilsgeschichte Gottes mit seinem Volk Israel. Wenn man so will, beginnt die Kirchengeschichte der Äthiopier in ihrem Selbstverständnis schon rund ein Jahrtausend vor Christi Geburt. Dass die Ansichten moderner Geschichtswissenschaft davon durchaus abweichen, muss der *symbolischen* Wahrheit dieses Selbstverständnisses keinen Abbruch tun.

Der Titel der vorliegenden Bandes greift das historische Selbstverständnis auf und verbindet es mit dem Schwerpunkt der Tagung: „Tradition und Wandel im Land der Königin von Saba". Der Leitung der Evangelischen Akademie Hofgeismar und ihren Mitarbeiterinnen und Mitarbeitern hat der Herausgeber dieses Bandes für die bewährte gute Art der Zusammenarbeit zu danken. Frau Anne-Christine van Baerle (Marburg) gilt mein herzlicher Dank für ihre Hilfe bei der Erstellung der Druckvorlage.

Die Berichte von Pfarrer Feleke ließen deutlich werden, dass die Kirche den orthodoxen Äthiopiern der Diaspora nicht nur im landsmannschaftlichen Sinne ein Stück Heimat bietet. Die Kirche ist auch und zuerst ein geistliches Zuhause. So sollen folgende Gebetsworte aus der ‚Anaphora der heiligen Apostel' in den vorliegenden Band hineinführen:

---

3 Friedrich Heyer, Die Hügelgasse. Das Zeitalter in der Erinnerung eines Theologen, Heidelberg 2002.

„Jesus Christus, mein Lehrer, besuche die Kranken deines Volkes und heile sie. Führe unsere Verwandten, die weit fort in die Ferne gereist sind, wieder in ihre Wohnungen heim in Frieden und Gesundheit. Segne die Winde des Himmels, die Regenfälle und die Früchte der Erde gemäß deiner Gnade. Breite überall Freude und Schönheit über dem Antlitz der Erde aus und lass für uns erstarken deinen Frieden!"[4]

Marburg, am Pfingstfest (እንበቆስጢ) 2011   Karl Pinggéra

---

4 Zitiert nach: Lothar Heiser, Äthiopien erhebe seine Hände zu Gott. Die Äthiopische Kirche in ihren Bildern und Gebeten (Schriftenreihe des Patristischen Zentrums Koinonia-Oriens 49), St. Ottilien 2000. S. 365.

Feinde Marias, der 500-Jahre-Missionsplan und 303 Fragen zum Thema „Wer ist Christus?"

Eindrücke von und Erfahrungen mit Religion aus einem Jahr Äthiopien

Michael Kleiner

Ich möchte im Folgenden über Eindrücke von und Erfahrungen mit Religion in Äthiopien berichten, die ich dort während eines gut einjährigen Aufenthalts, von März 2008 bis Mai 2009, empfing bzw. machte. Zunächst möchte ich erläutern, in welchem Rahmen ich überhaupt nach Äthiopien ging und was ich dort tat. Das sind, wie alsbald deutlich werden wird, keineswegs nur äußere Rahmeninformationen. Der Kontext und die Umstände meines Äthiopien-Aufenthalts erlauben bereits einen ersten Einblick in die religiösen Verhältnisse im Land.

1. Äthiopische Philologie und religionspolitische Korrektheit

Ich bin von Beruf Afrika-Historiker, mit einem Arbeitsschwerpunkt Äthiopische Geschichte. Im Jahr 2007 erreichte mich das Angebot einer Gastdozentur der Addis Abeba University (AAU). Warum man auf mich zugegangen war, verdankt sich dem Umstand, dass ich, bevor ich mich auf afrikanische und insbesondere äthiopische Geschichte warf, einen Magister in Orientalistik erworben hatte. Ich kenne mich also neben äthiopischen auch mit islamischen Themen leidlich aus und bin zudem mit dem Arabischen vertraut. Und gerade so jemanden, der sowohl äthiopienhistorisch als auch islamkundlich-arabistisch vorgebildet ist, suchte man damals an der AAU.

Der Grund dafür war der, dass man an der AAU vor einigen Semestern einen zweijährigen Aufbaustudiengang in *Ethiopian Philology* aufgelegt hatte. Dessen etwa 20 Teilnehmer pro Jahr, die sämtlich schon einen Erst-Abschluss in einem für Philologie vorqualifizierenden Fach mitbringen müssen, sollen nach Absolvierung dieses Aufbaustudiums idealerweise dazu befähigt sein, sich des beachtlichen erhaltenen Bestandes äthiopischer Handschriften anzunehmen, sie zu erfassen und editorisch zu erschließen. Dazu aber brauchen sie neben den im engeren Sinne philologischen auch ein Mindestmaß an soliden historischen Kenntnissen.

Nun denkt man, oder jedenfalls der durchschnittliche Äthiopist sowie der kundige Laie, bei äthiopischen Handschriften allerdings ausschließlich oder zumindest vordringlich an solche christlicher Provenienz. Tatsächlich gibt es ja etliche tausend christlich-äthiopische Handschriften, seien es solche direkt kirchlicher Herkunft, seien es solche weltlichen Inhalts, die aber der christlichen kulturellen Sphäre Äthiopiens entstammen. Sie sind oft mehrere hundert Jahre alt, überliefern unter Umständen Texte noch deutlich älteren Datums, und sind insgesamt ein im subsaharanischen Afrika einzigartiges Kulturdenkmal.

Warum legte man angesichts dieser Situation auf meine orientalische Vorbildung besonderen Wert? Nun, neben den vielen christlichen Manuskripten gibt es auch solche aus dem islamischen Bereich Äthiopiens, die ebenfalls sowohl religiöse als auch weltliche Texte überliefern. Ihre Zahl und ihre durchschnittliche zeitliche Tiefe bleiben allerdings weit hinter dem zurück, was wir aus dem christlichen Bereich kennen. So ist zum Beispiel kaum eine islamische Handschrift älter als 150 Jahre. Nichtsdestotrotz, es gibt sie, sie sind noch wenig erschlossen, und so ist es grundsätzlich durchaus berechtigt, wenn man in Äthiopien nun auch verstärkt Fachleute ausbilden möchte, die sich ihrer annehmen können. Da nun aber die islamischen Handschriften ganz überwiegend nicht in einheimischen Sprachen geschrieben sind, sondern in Arabisch, und da ihre Inhalte überwiegend islamisch-religiös oder doch von islamischen Ideen geprägt sind, macht es Sinn, für die Ausbildung der angehenden äthiopischen Philologen in diesem speziellen Programm jemanden wie mich anzuheuern, der sowohl mit Geez, der historischen (d.h. heute nicht mehr muttersprachlich gesprochenen, sondern nur noch in der Liturgie der Orthodoxen Kirche verwendeten) Literatursprache der äthiopischen Christen als auch mit dem islamischen Arabisch umzugehen weiß und daher hoffentlich auch äthiopische Geschichte in ihrer christlichen wie in ihrer islamischen Dimension angemessen zu unterrichten vermag. Die einheimischen Historiker bringen, dies sei noch rasch angemerkt, einstweilen in der Regel noch keine orientalistisch-islamkundliche Kompetenz mit, was bei der nun einmal gegebenen Zielsetzung zumindest während einer längeren Übergangsphase den Rückgriff auf ausländische Lehrkräfte wie mich nahelegt.

So gibt es also durchaus sachliche Gründe, in einem neu aufgelegten Aufbau-Studiengang *Ethiopian Philology* die islamische und arabische Komponente angemessen zu berücksichtigen. Dennoch wird dies spätestens durch die Art und Weise der Umsetzung dieser Vorgabe im Studiengang zugleich zu einem Religions-Politikum, zu einem Exempel in religionspolitischer Korrektheit.

Konkret teilt sich der Aufbau-Studiengang Äthiopische Philologie in zwei Zweige, einen für Geez, die alte christliche Literatursprache, und einen für Arabisch. Die Studenten müssen die Sprache ihres jeweiligen Zweiges aufgrund ihrer Vorbildung bei ihrem Studienbeginn bereits beherrschen. Teilweise, etwa in den historischen Seminaren, werden die Teilnehmer beider Zweige dann gemeinsam unterrichtet, teilweise, etwa in Veranstaltungen zur linguistischen Analyse von Geez oder Arabisch, getrennt. Die politisch korrekte Dimension des Aufbaustudiengangs als ganzem besteht nun darin, dass man geradezu ostentativ (und entsprechend den heutigen religionsdemographischen Verhältnissen) die christliche Geez-Tradition und die arabisch-islamische gleich gewichtet, und zwar sowohl im Hinblick auf ihre unterstellte historische Bedeutung als auch, daraus abgeleitet, im Hinblick auf die Zahl der Teilnehmer beider Zweige. So hatte ich jeweils etwa zehn Studenten des Geez-Zweiges sowie des arabischen – was eben auch heißt: zehn Christen und zehn Moslems. Im offiziellen Diskurs allerdings wird die Religionszugehörigkeit nie erwähnt, in ihm geht es immer nur um die sprachliche Ausrichtung. Nur wird die eben vollständig von der Religion determiniert – was jedoch offiziell nie erwähnt, sondern totgeschwiegen wird, selbst wenn der Zusammenhang allen auch nur irgendwie im Programm Involvierten völlig klar und bewusst ist.

Es werden also die Fiktionen gepflegt, dass erstens der christliche und der islamische Anteil an der äthiopischen Geschichte gleichermaßen wichtig und prägend gewesen sei, sowie zweitens, dass die literarische Überlieferung der beiden religiösen Sphären mindestens ungefähr denselben Umfang und dasselbe Gewicht hätte. Beides stimmt jedoch nicht. Bis vor wenigen Jahrzehnten waren es, ob nun zum Guten oder zum Schlechten, ganz eindeutig die äthiopischen Christen, die die Geschicke des Landes vor allem prägten und, wie bereits erwähnt, ist auch deren literarisches Erbe weitaus umfangreicher und historisch bedeutsamer als das der Moslems. Diese sachlich einfach gegebenen Ungleichgewichte werden jedoch nach Kräften verleugnet. Die Moslems unter den Studenten glauben vielleicht auch tatsächlich an die offiziell vorgegebene Losung von historischer und literarischer Gleichrangigkeit der beiden Traditionen.

Die christlichen Studenten hingegen stellen die offizielle Linie zwar nicht offen in Frage, äußern sich jedoch im privaten Gespräch gelegentlich kritisch bis abschätzig über diese politisch korrekte Doktrin. „Wie kann man denn einen Löwen mit einer Ameise vergleichen?" sagte mir einmal einer meiner besten christlichen Studenten zum Thema des literarischen Erbes der beiden Religionsgemeinschaften (worauf ich einwarf, „Löwe vs. Hase" träfe die Proportionen vielleicht besser).

Aber so ist eben heute die offizielle Linie der äthiopischen Regierung: Der Staat selbst ist säkular und religiös neutral – nicht mehr christlich wie unter den Kaisern, noch militant antireligiös wie unter den Kommunisten von 1974 bis 1991. Innerhalb dieser Laizität trägt er sodann dafür Sorge – vielleicht nicht immer zu 100% erfolgreich, aber doch dem Anspruch nach –, dass alle Religionsgemeinschaften gleichberechtigt sind. In falscher schematischer Formalisierung schwappt dieser grundsätzlich ja erst einmal begrüßenswerte Ansatz dann aber aus der rechtlichen Sphäre, wo er hingehört, in solche Bereiche wie das *Philology Program* hinein und befördert wohlmeinende Geschichtsklitterungen. Weitere Motivationsfaktoren für diese sachfremde, schematische Gleichgewichtung sind nach meiner Einschätzung zudem noch staatliche Überkompensationen gegenüber den bis vor wenigen Jahrzehnten wirklich benachteiligten Anhängern des Islam, sowie, ähnlich wie bei uns, Beschwichtigungsversuche gegenüber Moslems, die zunehmend aggressiv ihr Recht oder das, was sie dafür halten, einfordern.

2. Religion auf dem Campus

Lassen Sie mich nun ein wenig von meinen Studenten und von dem sprechen, was ich in Sachen Religion mit ihnen erlebte. Vorausgeschickt sei dabei, dass meine Studenten praktisch ausnahmslos sehr nette, angenehme Menschen waren. Mit keinem von ihnen hatte ich in irgendeiner Form ernsthafte Schwierigkeiten. Das mag freilich außer an ihren guten Herzen – dem weitaus wichtigsten Grund – da und dort auch ein wenig mit daran gelegen haben, dass in Äthiopien Lehrer-Autorität noch etwas gilt und dass die Studenten zudem gewohnt sind, bei ungebührlichem Verhalten rasch und drastisch diszipliniert zu werden.

Da ich zum Sommersemester 2008 in Addis Abeba eintraf, das Aufbaustudium Äthiopische Philologie jedoch stets nur zum Wintersemester begonnen werden kann, unterrichtete ich in meinem ersten äthiopischen Semester Studenten in ihrem zweiten Studien-Semester. Deren Durchschnittsalter lag bei etwa

30 Jahren, da es sich bei der *Ethiopian Philology,* wie erwähnt, um einen Aufbaustudiengang handelt, der einen anderen qualifizierenden Studienabschluss voraussetzt. Bei dieser ersten Gruppe, mit der ich arbeitete, konnte ich eine interessante Korrelation zwischen Religionszugehörigkeit und intellektueller Fähigkeit, dem Abschneiden im Kurs, feststellen. Denn sowohl die besten als auch die schlechtesten Studenten waren Christen, während andererseits die Moslems das solide Mittelfeld bildeten. Die schlechten Christen – das heißt natürlich: die schlecht abschneidenden Christen, die aber ganz gewiss alle gute Christen waren – stellten dabei jene, die ihre Vorbildung, welche ihnen den Zugang zum *Philology Program* ermöglichte, an orthodoxen Schulen oder Seminaren erworben hatten: Diakone, examinierte junge Theologen oder dergleichen. Diese jungen Herren waren fast völlig in ihrer frommen Gedankenwelt befangen. Wenn sie etwa ein Referat über die Manuskript-Überlieferung eines hagiographischen Textes halten sollten, dann verließen sie typischerweise nach wenigen Minuten Vortrag ihr eigentliches Thema, und statt über formale Überlieferungs-Fragen zu sprechen, rühmten sie fortan die Tugenden des Heiligen, dem die von ihnen zu untersuchende Hagiographie gewidmet war. Ähnlich auch im Geschichtsseminar bei der Analyse der Politik dieses oder jenes (christlichen) Kaisers: Unweigerlich geriet ihnen dergleichen nach wenigen Sätzen über diese oder jene politische oder militärische Maßnahme des Herrschers zu einer Panegyrik der Frömmigkeit und des christlichen Strebens seiner Majestät – wobei sie sich im Zweifelsfall auch von entgegenstehenden Fakten nur wenig irritieren ließen. Die besten Studenten hingegen waren jene Christen, die ihre Vorausbildung nicht an einer kirchlichen Institution, sondern an einer regulären Universität erhalten und dort einen Abschluss erworben hatten.

Einige weitere Schnipsel: In meinem ersten Semester hatte ich zwei Damen im Kurs, und beide waren Musliminnen und trugen Kopftuch. Eine der beiden war jedoch eine gestandene Frau, hüllte sich in bunte Kleider und Kopftücher und gebar kurz nach Ende des Semesters ihr drittes Kind. Sie sprach herzlich und freimütig mit mir und hatte keinerlei Berührungsängste, auch ganz wörtlich genommen: Sie schüttelte mir stets ohne Zögern die Hand. Die andere hingegen war tagaus, tagein in braune Tuniken gehüllt, trug stets grobe Wollsöckchen zu ihren Sandalen – statt wie die meisten Äthiopierinnen strumpflos zu gehen –, und gab weder mir noch sonst irgendwelchen männlichen Wesen die Hand, auch anderen Moslems nicht.

Einer meiner Moslem-Studenten des Sommersemesters kam aus der von islamischem Nimbus umgebenen Stadt Harär im äthiopischen Südosten und trug zudem den klangvollen Namen Taha Hussein; so, Taha Hussein, hieß auch der wohl berühmteste ägyptische Literat des 20. Jahrhunderts. Eines Tages nun erscholl im Klassenzimmer der islamische Gebetsruf: *Allāhu akbar, allāhu akbar* etc. Ich schrieb in diesem Moment gerade etwas an die Tafel, drehte mich ob dieser Klänge irritiert um – und sah, wie Taha an seinem Handy nestelte, um den Klingelton abzustellen. Genau das nämlich, den islamischen Gebetsruf, hatte er als seinen Rufton gewählt; doch zunächst hatte dieser im Klassenraum gar nicht Handy-künstlich, sondern überaus natürlich geklungen. In jedem Fall: Eine interessante Ruftonwahl. Man darf wohl vermuten, dass sie Ausdruck einer, sagen wir einmal: entschlossenen religiösen Haltung ist. Freilich nicht unbedingt einer rabiat-fundamentalistischen. Denn in unserem alltäglichen Umgang erlebte ich Taha als feinen Kerl von verschmitztem Humor.

Im meinem zweiten Semester, dem des Winters 2008/09, in dem ich ausschließlich die neuen Erstsemester unterrichtete, kam ich nachmittags einmal schon ein paar Minuten vor Kursbeginn in den Unterrichtsraum, in dem ein anderer Dozent dieselben Studenten noch bis wenige Minuten zuvor unterrichtet hatte. Dabei bemerkte ich gerade noch, wie drei muslimische Studenten sich im hinteren Bereich des Raums zwischen beiseite geschobenen Stühlen vom Fußboden erhoben – offenbar vom Gebet, wie mir erst nach ein, zwei Sekunden der ratlosen Verblüffung klar wurde. Zwischen den beiden Lehrveranstaltungen hatten sie nicht hinreichend Zeit gehabt, für ihre *salāt* (wie das islamische Ritualgebet auf Arabisch heißt) nach draußen zu gehen, wollten es aber auch nicht einfach versäumen, und so verrichteten sie es eben im Klassenzimmer. Bei meinem Dazukommen hatte ich nun den Eindruck, als sei es ihnen, die sie noch im Aufstehen begriffen waren, ein wenig peinlich, dass ich sie bei dieser religiösen Übung bemerkt hatte. Wenn ich mich mit diesem Eindruck nicht täusche, kann man natürlich die Anschlussfrage stellen, warum es ihnen peinlich war. Weil ich sie, wenn auch ganz unabsichtlich, bei einer zu intimen Verrichtung ertappt hatte, die zwar an sich nichts Verkehrtes ist, bei der man aber ob ihrer Intimität doch lieber nicht von einem Fremden, zumal einem Kulturfremden, gesehen werden möchte, und sich schämt, wenn es doch geschieht? Oder geht diese Deutung von vornherein in die Irre, und man muss nach ganz anderen Aspekten Ausschau halten, um die Verlegenheit der beim Gebet gleichsam ertappten islamischen Studenten zu verstehen?

Im Übrigen wurde auch draußen auf dem Universitätsgelände relativ viel von Moslems gebetet. Immer wieder konnte man auf den zahlreichen Grünflächen zwischen den Gebäuden junge Menschen sehen, die einzeln oder in kleinen Gruppen ihre *salāt* verrichteten. Aus früheren Jahren kann ich mich an derlei auf dem Gelände der AAU nicht erinnern. Allerdings machte ich vor meinem Jahr als AAU-Gastdozent dort immer nur Stippvisiten.

Oben sprach ich von Taha und seinem *Allāhu akbar*-Handy-Rufton. Etwas Vergleichbares habe ich bei christlichen Studenten nicht erlebt (was nicht heißen muss, dass es das nicht gibt). Dafür aber war ein christlicher Klassenkamerad Tahas, Paulos, ein, wie man mir sagte, trotz seines relativ jungen Alters in Äthiopien schon recht berühmter Prediger. Es gab wohl schon Kassetten mit seinen geistlichen Reden zu kaufen, und er selbst erzählte mir einmal stolz, wie er eines Weihnachtens vor der beträchtlichen äthiopischen Exilgemeinde von Dubai gepredigt habe. Akademisch war Paulos leider nicht so ganz tüchtig wie als geistlicher Redner; an dem in ihm brennenden christlichen Feuer auf alle Fälle war nicht zu zweifeln. Interessanterweise war Paulos seiner Physiognomie nach zu urteilen nicht Hochland-äthiopischer Herkunft. Er hatte wesentlich afrikanischere, negridere Züge und eine dazu passende dunklere Hauttönung. Seine Wurzeln lagen also mutmaßlich in der westlichen oder südwestlichen Peripherie des Landes. Das hinderte aber nicht, entgegen manchem Klischee von semitischer Exklusivität und Arroganz der Orthodoxen Kirche, dass er in ihr gewissermaßen Karriere machte und sich in ihr ganz heimisch fühlte.

Paulos hatte in Dubai gepredigt, aber etliche meiner islamischen Studenten hatten im Sudan oder in Saudi-Arabien studiert, sich dort ihre Abschlüsse und arabischen Sprachkenntnisse erworben, die ihnen nun den Zugang zum *Philology Program* verschafften. „Na, das kann ja heiter werden", dachte ich mir jeweils, wenn ich davon in den Selbstvorstellungsrunden zu Beginn eines jeden Semesters hörte, zumal wenn die Herrschaften – und es waren nur Herrschaften; keine meiner insgesamt vier islamischen Studentinnen hatte im arabischen Ausland studiert –in einigen Fällen noch berichteten, dass sie ihren Abschluss in *Islamic Law*, also in Scharia-Studien, erworben hätten. Interessanterweise bewahrheiteten sich meine Befürchtungen betreffs Um- und Zugänglichkeit dieser Studenten dann aber in keinem Fall. Die Sudanesen und Saudis, wie ich sie hier abkürzend nennen möchte, waren durchweg umgängliche Gesellen – und übrigens untereinander durchaus verschieden, etwa in Hinblick auf Kleidung oder intellektuelles Format. Sie waren keine durch Indoktrination uniformen oder quasi-uniformierten Charaktere. Sie waren im unteren, mittleren und oberen Leistungsdrittel zu finden, und keiner von ihnen kleidete sich etwa in eine Gallabiyya, die lange, meist weiße islamische Männer-Tunika, wie sie im Sudan und Saudi-Arabien weithin üblich ist. Allerdings trugen mehrere von ihnen, vielleicht ein Drittel, ein typisch islamisches dünnes Kinnbärtchen und/oder Hochwasserhosen. Auch letztere sind ein häufiges Merkmal entschiedener, demonstrativer Moslems.

Die anderen zwei Drittel der Sudan- oder Saudi-Rückkehrer freilich liefen unauffällig stadt-chic durch die Gegend, mit Jeans (in normaler Länge) und T-Shirt oder Hemd bekleidet, und dazu je nach Wetter und Laune einem lässigen oder eleganten Jackett. Übrigens scheint es selbst den Scharia-Studenten in Saudi-Arabien oft nicht besonders gefallen zu haben. Zwar schimpften sie nicht gerade über das Heimatland des Islam, das sie während ihres Aufenthalts dort ja in aller Regel auch großzügig alimentierte. Und sie sind natürlich fest in ihren islamischen Glaubensüberzeugungen. Aber sie lassen – anders als die Sudan-Studenten, denen es beim Nachbarn meist gut gefallen zu haben scheint – doch durchblicken, dass es in Saudi-Arabien nicht immer einfach für sie war. Arabische Abschätzigkeit gegenüber den vermeintlichen afrikanischen Hungerleidern werden angedeutet. Und sie machen deutlich, dass sie jedenfalls den äthiopischen Lebensstil dem saudischen klar vorziehen. Mit wem fühlen sie sich letztendlich mehr verbunden, mit ihren arabischen Moslem-Glaubensbrüdern oder mit ihren christlichen Landsleuten? Auf (und für) wessen Seite würden sie sich im Konfliktfall schlagen?

Für die Erstsemester, die ich im Winterhalbjahr 2008/09 unterrichtete, galt übrigens die intellektuelle Verteilung nach Religionen, wie ich sie oben für die Studenten im zweiten Semester diagnostizierte, nur noch sehr abgeschwächt. In meiner neuen Gruppe des Wintersemesters 2008/09 gab es nun nämlich auch eine Reihe von Moslems in der absoluten Spitze, und noch die schwächsten Studenten dieser zweiten Gruppe – auch sie nun nicht mehr nahezu ausschließlich Kirchenschüler, sondern stärker gemischt aus Moslems und Christen, wobei diese Christen freilich wiederum orthodox vorgebildet waren – waren deutlich weniger schwach als die schwächsten des Halbjahrs zuvor. Offenbar wurde das Auswahlverfahren für die Zulassung zum *Philology*-Aufbaustudium besser.

3. 303 Fragen zum Thema „Wer ist Christus": Ein islamischer Aktivist

Außerdem war diese zweite Gruppe wesentlich diskussionsfreudiger, und es gab genug kritische Studenten-Masse in ihr, um Diskussionen auch wirklich zu befeuern und voranzutreiben. Im Winter 2008/09 beteiligten sich, im Unterschied zum Sommer 2008, an den Diskussionen nicht mehr nur stets dieselben zwei, drei Kursteilnehmer, sondern eher sechs, sieben, acht aus der Zwanziger-Gruppe. Besonders engagiert zeigte sich dabei oft ein junger Herr namens Ahmadin Dschabal, ein Moslem, wie schon der Name verrät. Ahmadin (in

Äthiopien redet man sich durchgängig mit Vornamen an, ggf. ergänzt um Herr/Frau oder Titel; es ist also keine Respektlosigkeit, wenn ich hier von „Ahmadin" und nicht von „Herrn Dschabal" spreche) war nicht nur von Beginn an für einen Äthiopier ungewöhnlich wenig zurückhaltend, ja hatte geradezu eine gewisse Lust an der Provokation, sondern er war zugleich auch historisch sehr belesen. So stieß er oft interessante Debatten an – regelmäßig eingeleitet mit der Bemerkung „I have read a book", was bald zu einem geflügelten Scherzwort in der Gruppe wurde. Dabei unterlag allen seinen Debattenbeiträgen und -anstößen eine einheitliche Stoßrichtung: Ahmadin war fest entschlossen, weder dem Dozenten noch anderen Studierenden auch nur die kleinste Abweichung von dem unhinterfragt durchgehen zu lassen, was er als adäquate Würdigung der Beiträge des Islam zur äthiopischen Geschichte ansah; und andererseits war er stets gespitzt achtsam darauf, die christlich-äthiopische Tradition auf Schwachstellen, wissenschaftlich nicht abgestützte Mythisierungen und dergleichen abzuklopfen. Mit anderen Worten, Ahmadin war ein islamischer Aktivist und Polemiker durch und durch. So genoss er es etwa mit allen Fasern zu erfahren, dass dort, wo die Bibel von Äthiopien redet – ein Faktum, das als solches von der Äthiopisch-Orthodoxen Kirche immer wieder stolz herausgestellt wird – ursprünglich schwerlich das heutige Äthiopien gemeint war, sondern eher Nubien im Nordsudan in seinen verschiedenen staatlichen Verfasstheiten, zwischen ägyptisch inspiriertem Reich von Napata und späterem Meroë. Ahmadin, der islamische Polemiker, war es denn auch, der die im Titel dieses Beitrags angesprochenen 303 Fragen zum Thema „Wer ist Christus?" formulierte, und zwar in einem eigens dazu verfassten Buch. Ahmadin las also nicht nur viele Bücher, er schrieb sie auch. Ich spreche hier im Plural von „Büchern", weil er vor den „303 Fragen" schon eine vergleichende Abhandlung zu Frauenrechten in Islam und Christentum veröffentlicht hatte.

Bei der Formulierung seiner „303 Fragen zu Christus" zeigt sich Ahmadin erneut als sehr belesen. Er hat sich tüchtig in der Bibel umgeschaut – wenn auch natürlich nur auf der Suche nach polemisch verwertbaren Fundstellen – und zudem eine Reihe moderner westlicher theologischer Veröffentlichungen konsultiert. Selbst wenn dabei vielleicht nicht immer alles bis zum Schluss intellektuell verdaut ist, so stellt er doch, will mir scheinen, eine Reihe berechtigter und vielfach auch – … vielleicht nicht immer kluger, aber jedenfalls scharfsinniger Fragen. In seinen Antworten wird dann freilich deutlich, dass er nicht wirklich an deren Aufklärung und an Erkenntnisgewinn interessiert ist, sondern dass er auch hier wieder als Moslem-Apologet schreibt. Denn während er für seine kritischen Anfragen an Christentum und Christologie moderne For-

schung rezipiert (wenn auch gewiss selektiv) und einen avancierten Schreib-
und Argumentationsstil pflegt, entfällt all das bei seinen – ich kann es nicht
anders sagen – Pseudo-Antworten. Hier genügt es ihm, auf autoritative Texte
der islamischen Tradition zu verweisen, die ihrerseits, anders als die entspre-
chenden christlichen Zeugnisse, nicht weiter hinterfragt werden. Vielmehr
sollen sie ohne Umwege verbürgen, dass sich christologisch sowie in der Be-
wertung der Bibel alles so verhält, wie es die islamische Orthodoxie seit jeher
lehrt. Das ist natürlich intellektuell nicht redlich. Aber innerhalb der islamischen Gemeinde Äthiopiens wird es wohl seinen Zweck erfüllen, die Gläubigen mit vermeintlich scharfer – und vielen Christen gefährlich unvertrauter –
Munition auszustatten, während sie, die Moslems, sich als Resultat solcher
Lektüre behaglich in den altvertrauten vermeintlichen Gewissheiten zurück-
lehnen.

Ahmadin: ein nicht unsympathischer, intellektuell überaus reger, junger islamischer Polemiker Äthiopiens; vielleicht eine kommende Größe in seiner Religionsgemeinschaft. Jedenfalls hat der *British Council*, das britische Gegenstück
zum Goethe-Institut, ihn schon in sein Programm „Future Leaders of Africa"
aufgenommen und ihm zusammen mit anderen Stipendiaten Reisen nach Ni-
geria und London ermöglicht. Sicherlich eine verständliche Entscheidung –
aber auch eine kluge? Brütet man da – es wäre nicht zum ersten Mal – ein
Kuckucksei aus? Ist Ahmedin vielleicht nicht nur sympathisch streitbar, sondern ein wenig auch gefährlich? Man wird sehen. Ein christlicher äthiopischer
Arzt jedenfalls, bei dem ich in Addis Abeba eine Weile in Behandlung war und
mit dem ich mich nebenbei auch immer über Gott und die Welt unterhielt,
seufzte schwer auf, als ich ihm Ahmadins „303 Fragen" zeigte: „Meine Güte, da
kommen wir so allmählich über die Erblasten des ethnischen Antagonismus
im Land hinweg, und dann tauchen solche Leute auf und gießen ohne Not Öl
ins schwelende Feuer der religiösen Spannungen", so sinngemäß seine Re-
aktion. Wird das fragile Neben- und Miteinander von einer großen Zahl leidenschaftlicher Christen und leidenschaftlicher Moslems in Äthiopien eines
Tages tatsächlich zerbrechen und es zu großmaßstäblichen Auseinandersetzungen kommen? Und wäre ein Polemiker wie Ahmadin dann gegebenen-
falls dafür mitverantwortlich zu machen?

4. Christliche Reaktionen?

Interessant war im Übrigen, wie die christlichen Studenten auf die nicht wenigen streitbaren Einreden der Moslems – vorneweg Ahmadins, aber durchaus

auch einiger anderer – gegen all das reagierten, was nach christlich-hegemonialem Geschichtsbild klang. Sie reagierten nämlich so gut wie gar nicht. Nur vereinzelt gab es von christlichen Studenten Gegenreden gegen die Attacken der Moslems auf echte oder vermeintliche christliche Hegemonialattitüden oder pro-christliche Verzerrungen im Geschichtsbild. Meist ließen die Christen derlei Kritiken einfach still über sich ergehen. Das fand ich durchaus überraschend und fragte mich, was diese Nicht-Reaktionen erklärt. Sicherlich waren es mehrere Faktoren, die bei den einzelnen christlichen Studenten unterschiedlich stark zum Tragen kamen. Neben der eher formal begründeten Befürchtung, seine Gegenargumente auf Englisch nicht angemessen artikulieren zu können, schienen mir vor allem zwei inhaltliche Gründe ausschlaggebend.

Erstens sind die Christen derlei noch nicht recht gewohnt, und es fehlen ihnen einfach Gegenargumente (die es vielfach im Prinzip durchaus gäbe). Die intellektuelle Spitze der äthiopischen Moslems hat in den letzten 30, 40 Jahren viel Energie darauf verwandt, ihre echte oder vermeintliche historische Benachteiligung zu formulieren, und das erreicht nun zunehmend auch ein breiteres islamisches Publikum, unter anderem eben viele meiner islamischen Studenten. Die haben sich also in gewissem Umfang mit einem Geschichtsbild und in einem Geschichtsbewusstsein eingerichtet, das weithin bestimmt ist von der vermeintlich rechtschaffenen Indigniertheit des lange Diskriminierten, der nun endlich alles Recht hat, seinen historischen Bedrückern bzw. deren Erben ungeschminkt und ohne falsche Rücksichtnahme die ganze hässliche Wahrheit, bzw. was man dafür hält, ins Gesicht zu sagen. Bei den Christen ist dies jedoch in der Breite noch nicht angekommen, und ihre intellektuelle Spitze hat vielfach noch versäumt, tragfähige Gegenargumente zu entwickeln, selbst da, wo dies von der Sache her durchaus möglich wäre.

Ein zweites Motiv für das stoische Schweigen der christlichen Studenten mag aber auch eine gewisse Verächtlichkeit sein. Ich meine, zumindest bei einigen von ihnen auch eine Haltung des „Lasst die doch reden" gespürt zu haben, gepaart mit einem „Mit denen kann man sowieso nicht reden", mit anderen Worten: „Die werden hier unverschämt – aber wenn wir in gleicher Weise ihre Religion und Religionsgemeinschaft attackierten, dann würden sie das kaum vertragen können. Dann gäb's hier Volksaufstand. Die können nur dreist austeilen, aber nicht einstecken. Wir hingegen tragen diese dummen Anwürfe mit Würde – und eines Tages werden sie schon sehen, was sie davon haben." Das alles sind natürlich nur meine Impressionen, kein christlicher Student hat mir dies je als seine Empfindungen und Gedanken angesichts der verbalen muslimischen Attacken ausdrücklich dargetan. Meine Eindrücke und Interpretationen müssen also nicht zutreffen. Aber Erstere waren doch so stark, dass ich persönlich vom Realitätsgehalt Letzterer überzeugt bin.

All dies soll nun bitte nicht den Eindruck erzeugen, als habe zwischen meinen Studenten aus den beiden Religionsgemeinschaften eine eisige oder gar feindselige Atmosphäre geherrscht. Ganz im Gegenteil ging man stets sehr freundlich miteinander um, erbot sich etwa, dem anderen Kopien mitzubringen oder Unterrichtsnotizen einer versäumten Stunde zu überlassen, und dergleichen mehr. Manchmal konnte man angesichts der sofortigen Freundlichkeit selbst nach kontroversen Diskussionen den Eindruck haben, dass der Schlagabtausch zuvor nur so etwas wie ein wohlgeordneter Boxkampf gewesen sei, bei dem, wie im Ring der Faustkämpfer, nach dem Gongschlag jede Aggression sofort aufhört. Man tut gleichsam nur seine Pflicht als Streiter für die je eigene Seite – insbesondere die Moslems –, aber lebensweltlich ist einem der Gegner keineswegs verhasst, so dass man ihn etwa auch auf der Straße noch verprügeln möchte. Andererseits: Manchmal fand ich die Freundlichkeit zwischen den Studenten unterschiedlicher Religion auch schon wieder etwas zu demonstrativ. Ganz natürlich scheint dergleichen nicht – noch nicht? – von der Hand zu gehen. In diesem Zusammenhang fand ich weiterhin interessant, dass engere Freundschaften des Typs, wo man einander so sicher ist, dass man auch schon mal persönlich raubeinig gegeneinander werden kann, nur zwischen Studenten ein- und derselben Religionsgemeinschaft existierten.

5. Der 500-Jahre Missionsplan: Misstrauen und Animositäten

Ein derartiger betont freundlicher Umgang mit Studenten der je anderen Religionsgemeinschaft wird freilich nur allzu verständlich, wenn man sich vor Augen führt – und hier verlassen wir nun endlich die Universität und begeben uns hinaus ins Land –, dass es dort, im ganzen großen Land, auf lokaler Ebene immer wieder zu handgreiflichen, wenn nicht gar gewalttätigen Auseinandersetzungen zwischen Moslems und Christen kommt. Wohlgemerkt, ich rede hier nicht von Aktionen irgendwelcher militanten politischen Gruppen, sondern von Zusammenstößen zwischen normalen Bürgern. Dreimal, wenn ich mich recht erinnere, habe ich während meines gut einjährigen Aufenthalts von dergleichen in den Zeitungen gelesen. Möglicherweise – ich weiß es nicht – gab es jedoch noch deutlich mehr derartige Vorfälle, und in die Zeitung kam nur, was sich ohnehin nicht mehr totschweigen ließ. Interessanter-, wenn auch nicht unbedingt überraschenderweise wird in der Berichterstattung der religiöse Aspekt solcher Zusammenstöße allerdings minimiert, zum Beispiel mittels euphemistischer oder verschämt-indirekter Sprache. So ist dann in den Medien nicht etwa von islamisch-christlichen Auseinandersetzungen die Rede, sondern nur unspezifisch von Zusammenstößen zwischen „Gruppen", die sich die Religion auch stets nur „zum Vorwand nehmen" für ihr asoziales, den Frieden störendes Verhalten.

Jedenfalls: Die Regierung lässt in solchen Situationen immer so rasch wie möglich und sehr entschieden eingreifen – was nur zeigt, wie viel Zündstoff hier vorhanden ist. Man ist amtlicherseits hellwach, um jeden aufkeimenden Brandherd so rasch wie möglich zu erkennen und tunlichst bereits im Ansatz zu löschen.

Wie viel Animosität und Misstrauen es zwischen Christen und Moslems latent gibt, zeigten mir auch verschiedene mir gegenüber privat und vertraulich getane Äußerungen. So gestand mir einmal eine gute Freundin des Hauses, die zugleich eine fromme Protestantin ist und sich deshalb ihrer Worte und ihres Gefühls, ihrer heftigen Antipathie, ein wenig schämte, wie sehr ihr doch eigentlich die Moslems zuwider seien. Sie kriege im Grunde schon einen dicken Hals, wenn sich beispielsweise nur im Bus eine Moslem-Frau neben sie setze. Und unser Hausmädchen (dergleichen hat man in Äthiopien einfach, es geht fast nicht anders, schon deshalb beispielsweise, weil es dort keine privaten Waschmaschinen gibt; außerdem schafft man so einen Arbeitsplatz), ebenfalls eine Protestantin, sagte mir einmal, die Moslems seien doch sowieso alle Mörder. Schließlich bemerkte mir gegenüber einmal auch der sehr distinguierte Elektriker, ein Herr vielleicht Mitte 50, der verschiedentlich bei uns im Haus zu tun hatte, ausgezeichnet Englisch sprach und mit dem ich mich gerne unterhielt, seinethalben brauche es in Äthiopien eigentlich keine Moslems zu geben. Die wollten doch sowieso alle immer nur die Scharia einführen und die Christen entweder zwangsbekehren oder massakrieren. Umgekehrt verrieten mir mehrfach islamische Studenten im Vertrauen ihre Einschätzung, die äthiopischen orthodoxen Christen würden ja alle, die nicht Ihresgleichen seien, doch nur als Tiere und Abschaum ansehen und, wenn sie denn irgend könnten, auch so behandeln; so hätten sie es schließlich immer gehalten. Eine volatile Situation mit reichlich Konfliktpotential.

Nach größeren religiösen Zusammenstößen wurden von der Regierung stets auch die regionalen oder gar nationalen Oberhäupter der beteiligten Religionsgemeinschaften – *ye-haymanot abbatočč*, die „Glaubensväter" – auf den Plan gerufen, um in den Medien zu verkünden, das Wesen und der Kern von Christentum bzw. Islam seien doch Frieden, Liebe und gedeihliches Miteinander. Politisch gewiss gebotene Worte – nur scheint die Sache irgendwie so einfach nicht zu sein. Bei den *troublemakers* jedenfalls, die sich ja selbst für fromme Leute zu halten pflegen, finden sie offenbar, trotz vielfacher Wiederholung, kein rechtes Gehör.

Ansonsten treten die *ye-haymanot abbato čč* öffentlich außerhalb von im engeren Sinn religiösen Vollzügen vor allem im Zusammenhang mit AIDS-Aufklärungskampagnen in Erscheinung, sei es, dass sie zu Keuschheit oder wenigstens verantwortlicher Sexualität mahnen, sei es, dass sie für Mitmenschlichkeit statt Ausgrenzung im Umgang mit Infizierten werben. In diesem Zusammenhang möchte ich Ihnen zwei sehr ähnliche Bilder zeigen, die ich in unterschiedlichen Provinzmetropolen Äthiopiens aufgenommen habe.

Abb. 1: Awasa

Das erste stammt aus der südlichen 120.000-Einwohner-Stadt Awasa, wo sowohl Orthodoxe als auch Protestanten und Moslems in einiger Stärke vertreten sind. (Leider ist das Bild etwas unscharf geraten, da ich es hastig in einem Regenguss aufnehmen musste.) Dementsprechend erscheinen auf dem unten als Foto reproduzierten Poster auch je ein hochrangiger orthodoxer, protestantischer und islamischer Geistlicher, die um je ein HIV-infiziertes und HIV-freies Mitglied ihrer Glaubensgemeinschaft den Arm legen. Damit senden die Glaubensführer einerseits ein Signal gegen die Ausgrenzung AIDS-Kranker, andererseits zeigen sie sinnfällig, dass AIDS gleichermaßen Angehörige aller Religionsgemeinschaften und beider Geschlechter befallen kann – sogar fromm verschleierte Musliminnen. Gewiss eine Initiative von überraschendem und bemerkenswertem Freimut, auf Seiten der Religionsführer (hat hier etwa die Regierung Druck gemacht?) wie auch und insbesondere auf Seiten der betroffenen AIDS-Kranken, die sich hier outen; und darüber hinaus ein Signal umfassender Solidarisierung, einerseits mit den AIDS-Kranken und andererseits über die Religions- und Konfessionsgrenzen hinweg. Das wird noch unterstrichen durch den beigegebenen Plakattext: „Der Schöpfer diskriminiert nicht. Warum sollten wir es dann tun?"

Abb. 2: Gondär

Das zweite Bild stammt aus der alten nordwestlichen Haupt- und Kaiserstadt Gondär, heute eine Regionalmetropole mit ungefähr 200.000 Einwohnern. (Gondär soll übrigens aufgrund seiner Geschichte und Atmosphäre J.R.R. Tolkien dazu inspiriert haben, die Hauptstadt des Menschenreiches in seiner berühmten Fantasy-Trilogie „Der Herr der Ringe" Gondor zu nennen.) In Gondär sind Protestanten nur in vernachlässigbar geringer Zahl vertreten, statistisch fallen dort nur die Orthodoxen und an zweiter Stelle die Moslems ins Gewicht. Bei meinem Besuch in Gondär nun fand ich dort das im Prinzip schon aus Awasa bekannte Plakat wieder – nur war es in Gondär den lokalen

religionsdemographischen Verhältnissen angepasst: Man hatte auf ihm nämlich den protestantischen Kirchenführer und seine Gemeindeglieder, um die er
pastoral die Arme legt, schlicht herausretuschiert. In Gondär gab es, so offenbar die Überlegung der Kampagnenverantwortlichen, keine hinreichend große
Zielgruppe für auch deren Erscheinen. Über diese regionale Anpassung und
Feinabstimmung war ich nun doch etwas verblüfft. Denn hätte es etwas ge-
schadet, wenn auch in Gondär die Protestanten im Bild geblieben wären?

Von Awasa und Gondär nun ein Sprung nach Jimma, einer anderen, etwas weniger charmanten Provinzstadt (ca. 160.000 Einwohner) im Südwesten des
Landes. Dort sind erneut Protestanten, Orthodoxe und Moslems in etwa in
gleicher Stärke vertreten (mit einem gewissen Übergewicht für die Moslems),
und das auch schon seit längerem: Alle drei Religionsgemeinschaften besitzen
dort jeweils starke lokale Traditionen. Ich hatte Gelegenheit, eine deutsche
Religionswissenschaftlerin zu begleiten, die in Jimma religionssoziologische
Recherchen zur Geschichte sowie insbesondere zum gegenwärtigen Verhältnis
der drei in Äthiopien dominierenden religiösen Gruppen durchführte – einem
Verhältnis, das alles andere als spannungsfrei ist. Vor wenigen Jahren haben
islamische Gewalttäter in der Nähe von Jimma sogar eine orthodoxe Kirche in
Brand gesteckt und dabei nicht wenige Gläubige getötet. In Jimma trafen wir
unter anderem einen dort ansässigen protestantischen Geistlichen, den wir
zuvor schon in Addis Abeba kennengelernt hatten. Er äußerte sich ausführlich
über die Lage seiner Kirche (der lutherischen Mekane Yesus-Kirche, wörtlich:
Der Kirche, „in der Jesus seinen Ort hat") in Jimma sowie über die dortige religiöse Situation überhaupt. Dabei trug Pfarrer Esay, so sein Name, unter anderem vor, die äthiopischen Moslems hätten mit Unterstützung des weltweiten
Islam einen Masterplan entwickelt, das Land binnen 500 Jahren vollständig zu
islamisieren. Solche Leute seien das.

Man ist erst einmal verblüfft, wenn man dergleichen hört. Kann so etwas denn
stimmen? Wie soll das gehen? Das ist doch Paranoia, oder? Andererseits:
Selbst wenn unsereiner geneigt ist, einen 500-Jahr-Plan für abwegig und zum
Scheitern verurteilt zu halten, dann heißt das ja noch lange nicht, dass enthu-
siastische Moslems solche Skepsis teilen und nicht fromm beflügelt dennoch
einen solchen Plan fassen. Letztlich weiß man nicht, was von solchen Nachrichten zu halten ist. Aber ob sie nun zutreffen oder nicht, in jedem Fall sind sie
bei wichtigen Teilen der äthiopischen Christen in Umlauf und werden geglaubt, und zwar auch von Führungspersonal wie Pastor Esay. Allein das ist
schon von Belang, ist es doch Ausdruck eines tiefen (und vielleicht ja sogar be-
rechtigten) interreligiösen Misstrauens.

6. Ein protestantischer Kirchenpolitiker

Protestanten und Jimma: Durch einen Zufall trafen wir in unserem dortigen Hotel auch Qes (= Pastor) Eteffa Gobena, den gerade aus dem Amt geschiedenen langjährigen Ratsvorsitzenden der Synode der Mekane Yesus-Kirche. Qes Eteffa zeigte sich bei unserem Gespräch als kluge, gebildete – er hat in jungen Jahren in den USA Theologie studiert –, selbstgewisse, aber auch humorvolle Persönlichkeit. Ein weiterer starker Eindruck, der sich im Lauf unseres Gesprächs immer mehr festigte, war sodann der einer erheblichen Distanz zwischen Qes Eteffas persönlichem religiösen „Stil" und dem der großen Mehrzahl der Gläubigen in der über etliche Jahre von ihm geführten Mekane Yesus-Kirche. In Qes Eteffa begegnete ich einem westlich-akademisch gebildeten Christen und Theologen, dessen – zweifellos starke – Religiosität mir als Folge davon deutlich indirekter und kritisch reflektierter, deutlich „westlicher" erschien als bei der Masse der einfachen Gläubigen seiner Kirche.

Im Grundsatz gibt es einen solchen Unterschied zwischen Eliten- und Massenfrömmigkeit gewiss auch in den verschiedenen Kirchen des Westens (sofern man dort von Massenfrömmigkeit überhaupt noch reden kann), doch den Grad der Distanz muss man wohl für Äthiopien und Mekane Yesus deutlich höher veranschlagen, einfach aufgrund einer viel elementareren und leidenschaftlicheren Frömmigkeit der einfachen Gläubigen. So habe ich beispielsweise bettelarme junge protestantische Evangelistinnen kennengelernt, die aufgrund eines frisch entdeckten und direkt zu ihren Herzen sprechenden Bibelverses aus dem Propheten Ezekiel leuchtende Augen bekamen, glücklich begeistert waren und sich lange darüber unterhielten – ganz ohne zwischengeschaltete Erwägungen etwa über die unterschiedlichen Lebenssituationen Israels im babylonischen Exil vor mehr als 2.500 Jahren und die der Menschen im heutigen Äthiopien. Ich will in keiner Weise die eine Art von Frömmigkeit über die andere stellen, weder in die eine noch in die andere Richtung. Ich möchte nur meinen Eindruck von dieser erheblichen Distanz mitteilen, einer Distanz, die mir als potentiell problematisch und nicht immer wie im Flug überbrückbar erscheint.

Des Weiteren erlebte ich Qes Eteffa als erfahrenen Profi-Kirchenpolitiker. Ohne Zweifel hat er schon viele Interviews der Art gegeben, wie ich es mit ihm führte, so dass dergleichen für ihn eigentlich Kleinkram und fast Entspannung ist. Denn sonst befasst er sich regelmäßig, wenn nicht gar überwiegend mit Fragen ganz anderen Gewichts und verkehrt mit Personen ganz anderer Bedeutung. So hat er unter anderem häufig Kontakt mit dem äthiopischen Premierminister Meles Zenawi und spielte beispielsweise eine wichtige Rolle bei der Vermittlung der vor einiger Zeit aufgenommen Friedensgespräche zwischen der äthiopischen Zentralregierung und der *Oromo Liberation Front* (OLF), einer der ältesten und wichtigsten ethnischen Rebellenorganisationen im Land. Dazu muss man wissen, dass die Oromo in Äthiopien gut ein Drittel der Gesamtbevölkerung ausmachen und damit die größte ethnische Gruppe des Landes bilden, sie jedoch politisch lange Zeit marginalisiert waren. Zugleich stellen die Oromo die Mehrzahl der Gläubigen der Mekane Yesus-Kirche, und auch Qes Eteffa selbst ist ein Oromo.

Vielleicht weil unser Gespräch für Qes Eteffa eine wenig belangreiche Nebensächlichkeit darstellte, zeigte er sich in ihm von, wie ich fand, überraschendem Freimut und nicht zu Beschönigungen geneigt. Die Spannungen zwischen Christen und Moslems sowie das erhebliche daraus erwachsende gesellschaftliche Konfliktpotential sprach er offen an, aber auch das nicht immer einfache Verhältnis zwischen der alteingesessenen Orthodoxie und den vergleichsweise jungen protestantischen Kirchen im Land (ihre Anfänge liegen im 19. Jahrhundert, einen wirklichen Aufschwung nahmen sie erst im 20.) schilderte er ungeschminkt. Im Hinblick auf die Moslems machte er nicht zuletzt auf die massive, vom arabischen Ausland – insbesondere von Saudi-Arabien, aber auch vom Sudan – finanzierte islamische Propaganda in Äthiopien aufmerksam, die z.B. zahlreiche missionierende Fernsehprogramme ins Land hinein ausstrahlt, lokale Geistliche indoktriniert und Moscheen baut. Dabei sagte er freilich auch, dass man auf der Leitungsebene, also er und seinesgleichen mit ihren islamischen Pendants, inzwischen recht gut und vertrauensvoll zusammenarbeiten könne. Hier sei es manchmal fast schwieriger mit den orthodoxen Repräsentanten, die sich nicht selten schwer täten, ein Platzhirsch-Gebaren abzulegen und von denen er sich in dieser Hinsicht manchmal mehr christliche Demut wünschte.

Da ich Qes Eteffa so stark als Kirchenpolitiker sowie als intellektuellen Christen eher westlichen Zuschnitts empfand und damit auch, wie schon erwähnt, der elementaren, leidenschaftlichen Frömmigkeit wohl der Mehrzahl seiner Kirchenangehörigen etwas entwachsen, war es mir sodann ein Anliegen, ihm nicht nur religionspolitische, sondern auch ein paar im engeren Sinne religiöse Fragen zu stellen. So wollte ich zum Beispiel gern von ihm erfahren, was er denn geistlich oder theologisch besonders an den Orthodoxen schätze und wo er andererseits die Stärken seiner eigenen Kirche sehe und die Orthodoxie kritisch betrachte. Daraufhin äußerte er sich besonders anerkennend über die orthodoxe Gebetsintensität und das Bewusstsein für Tradition und Kontinuität, denen gegenüber er in seiner eigenen Kirche gelegentlich allzu große spirituelle Neuerungssucht und Kurzatmigkeit beobachte. So müssten etwa

nach Meinung einiger alle paar Jahre neue Kirchenlieder her, weil die eingeführten „veraltet" seien. Bei den Orthodoxen sehe er dagegen die Heiligen-
und Mariendevotion, oder jedenfalls ihr Ausmaß, als problematisch an. Das
setze nach seinem theologischen Verständnis tendenziell die falschen Akzente.
Denn schließlich sei Jesus die Mitte des christlichen Glaubens – was im Übrigen ja auch schon im Namen seiner Kirche, Mekane Yesus, zum Ausdruck
komme.

7. „Feinde Marias": Orthodox-protestantische Polemik

Soweit Qes Eteffa – aber nicht nur er. Denn auch von anderen Protestanten
hörte ich verschiedentlich, dass die Orthodoxen es mit der Heiligen- und
Marienverehrung denn doch etwas übertrieben. Demgegenüber war man als
Protestant stolz darauf, solches, wie man es wohl häufig sah: Brimborium nicht
zu pflegen und sich gewissermaßen rein (um nicht zu sagen: puritanisch) und
ohne derlei Umwege direkt an den Erlöser, an Christus, zu halten. Diese Art
unterschwelliger protestantischer Polemik hat freilich bei den Orthodoxen
durchaus ihre Entsprechung, auch wenn dabei natürlich die geltend gemachten
Punkte und die vorgenommenen Bewertungen andere sind. Dass man Christus nicht hinreichend würdige, nicht in den Mittelpunkt stelle, würde natürlich kein Orthodoxer auf sich sitzen lassen. Die überragende Bedeutung
Christi ist aber, nach orthodoxem Dafürhalten, derart selbstverständlich, dass
man darauf nicht immer so monomanisch wie die Protestanten herumreiten
muss. Was für die Orthodoxen bei den Protestanten hingegen emotional nicht
akzeptabel ist, ihnen wirklich sauer aufstößt, ist der geringe Stellenwert, wenn
nicht gar die Geringschätzung, mit der man dort den Heiligen und Maria begegnet. Dieses Ressentiment artikuliert sich dann zum Beispiel im Umfeld
eines großen orthodoxen Festes wie Timqät, dem „Tauffest", das zur Erinnerung an die Taufe Christi durch Johannes den Täufer (vgl. z.B. das Markus-
Evangelium 1,9-11) alljährlich prachtvoll öffentlich begangen wird und das für
die orthodoxen Gläubigen einen Höhepunkt im religiösen Festkalender dar-
stellt.

Nun wird kein hoher orthodoxer Würdenträger während der Timqät-Feier-
lichkeiten und -Predigten in Addis Abeba ein böses Wort gegen die protestantischen Brüder und Schwestern verlieren, zumal diese mit entsandten Ehren-
gästen den offiziellen Festakten beiwohnen. Im inoffiziellen Nachklapp jedoch,
wenn Patriarch und Bischöfe schon wieder auf dem Heimweg sind, einfache
Priester, Mönche, Asketen oder Wanderprediger hingegen noch über den sich

allmählich leerenden Versammlungsplatz streifen, Heiligenbilder verkaufen und eigene kleine Predigten halten, kommt es dann aber wohl doch immer wieder zu anti-protestantischen Invektiven. Denn als ich am Abend nach den Feierlichkeiten ein Taxi nahm, um an einer Festveranstaltung der amerikanischen Gemeinde von Addis Abeba anlässlich der Amtseinführung des neuen Präsidenten Barack Obama teilzunehmen, kam ich, wie so oft, mit dem Taxifahrer ins Gespräch. Dabei stellte sich heraus, dass er Protestant war, ich bin es auch, und so schüttete er mir sein Herz aus: „Ach, was haben da wieder etliche Herrschaften im Umfeld von Timqät gegen die Protestanten gepredigt! Es war einfach deprimierend. Wo bleibt denn da die christliche Brüderlichkeit?" Und als „Feinde Marias" habe man sich wieder einmal denunzieren und beschimpfen lassen müssen. „Schlimm, schlimm. Immer wieder dasselbe. Wird das denn nie besser? Können es die Orthodoxen denn einfach nicht lassen?" Sein Herz blutete, ich versuchte ihm so gut ich konnte begütigend zuzureden – und dann waren wir auch schon beim *Italian Club* von Addis Abeba, wo man auf Großleinwänden Obamas *Inauguration Speech* übertrug und die Leidenschaften von weniger theologischen Themen (oder doch?) angefacht wurden.

Der angesprochene untergründig köchelnde, emotional durchaus aufgeladene mariologische Dissens und Disput gab mir im Übrigen ein wenig das Gefühl eines Kanals durch die Zeit. Er war wie die Chance eines Durchblicks mehrere Jahrhunderte zurück in der europäischen Geschichte. Als Historiker ist das für mich durchaus interessant, solange nicht Marienverehrer und Freunde der Heiligen einerseits, puritanische Bilderstürmer andererseits mit Fäusten, Forken oder noch Schlimmerem aufeinander losgehen und man am Ende dabei gar noch zwischen die Fronten gerät. Manchmal tut man sich ja etwa bei Lektüren über das 16. oder 17. Jahrhundert, bei schriftlichen oder bildlichen Schilderungen der Leidenschaft, mit der da fromme Katholiken und Protestanten aneinander gerieten, schwer, das auch emotional nachzuvollziehen. Gewiss, man weiß derlei, man liest es und zweifelt nicht, dass es sich so verhielt und dass es vielen Beteiligten (von einigen Profiteuren einmal abgesehen) bitterernst war mit den Auseinandersetzungen über – neben manchem anderen wie Bibel, Papsttum, Zölibat – die Heiligen und Maria. Aber emotional ist dergleichen jemandem meines Herkommens und Werdegangs doch eher fern. Selbst in Nachklängen habe ich, und vermutlich nicht nur ich allein, eine Mentalität, in der diese Fragen und Haltungen virulent waren und echte Passionen weckten, kaum je erlebt. In Äthiopien aber kann man es noch – selbst wenn auch dort, wie historische Quellen zeigen, der heute in diesen Fragen an den Tag gelegte Eifer sich gegenüber früheren Jahrhunderten schon deutlich abgemildert hat.

8. Orthodoxe Frömmigkeit

Bleiben wir noch einen Moment, wenn auch unter verändertem Blickwinkel, bei den Heiligen und der Heiligen Jungfrau. Fast jeder Tag des Monats ist im äthiopisch-orthodoxen Kirchenkalender einem bestimmten Heiligen, einem Erzengel, Maria, Christus oder auch der Trinität gewidmet, und die meisten orthodoxen Äthiopier können diesen Kalender gut auswendig. Selbst Taxifahrer, denen weltweit ja nicht so sehr der Ruf besonderer Frömmigkeit und Glaubensinnigkeit vorauseilt, machen da keine Ausnahme. Dieser Heiligenkalender führt dann dazu, dass an den jeweiligen monatlichen Festtagen zahlreiche Gläubige jeweils der oder den Kirchen in Addis Abeba zuströmen, die dem betreffenden Heiligen, Erzengel usw. geweiht sind. Besonders Frauen, und ganz besonders Frauen jenseits der Lebensmitte, sind bei dieser Art der Devotion sehr engagiert. Mit ihren weißen dünnen Baumwollüberwürfen bedeckt, den Šammas, bilden sie so watteweiße, helle Flocken im Stadtbild.

Aber auch die Bettler und Bettlerinnen, die es in Addis Abeba in nicht ganz geringer Zahl gibt, reagieren auf den monatlichen Heiligenkalender. Am Straßenrand hingehockt, passen etliche von ihnen nämlich ihre Bitten um mildtätige Gaben dem Wechsel der Tage an. Ist es das Monatsfest des Erzengels Raguel, so murmeln sie einem zu: „Um Raguels willen, gib!", und ist es das Fest der Heiligen Jungfrau, so heißt es: „Gib, um Mariens willen!" Auch dies zu erleben, die Bettler als solche wie auch ihre Bitten unter Berufung auf die Heiligen, eröffnete für mich wieder einen Tunnel durch die Zeit. Hier meinte ich, wenigstens ein Echo davon spüren zu können, wie es auch im spätmittelalterlichen und frühneuzeitlichen Europa auf den Straßen der Städte zugegangen sein mag. Natürlich, in Addis Abeba fährt neben dem Bettler dann ein schwerer Laster vorbei, oder der Mercedes eines Ministerialbeamten. Die Zeitebenen sind dort gemischt, die Phänomene verschiedener europäischer Jahrhunderte finden sich dort nebeneinander.

Zuletzt möchte ich die besondere orthodoxe Achtung vor Kirchen und den in ihnen aufbewahrten Nachbildungen der Bundeslade mit den Gebotstafeln darin (den *tabotat*) erwähnen, die ich in Addis Abeba immer wieder beobachten konnte. Diese besondere Ehrerbietigkeit ist im Übrigen historisch schon für spätestens das 16. Jahrhundert reich bezeugt, doch reicht sie sicherlich weiter zurück. Wie auch immer, noch heute lässt sich in der Vier-Millionen-Megalopolis Addis Abeba diese Ehrerbietung der orthodoxen Gläubigen gegenüber ihren Kirchen als geweihten Stätten, an denen Gott die Erde berührt, lebendig beobachten – ungeachtet aller auch vorhandenen Züge eines Babel, die Addis Abeba schon durch seine schiere Größe zuwachsen. Denn in Addis Abeba wird ja bei aller Frömmigkeit durchaus auch reichlich gezecht – frisch gezapftes Fassbier erfreut sich besonderer Beliebtheit –, gibt es Edelprostitution für die internationale Business- und Diplomatie-Klientel eines Hilton und Sheraton genauso wie reichlich Straßenprostitution für den lokalen Markt, und begegnet man üppigem, manchmal sogar ostentativem Luxus unweit bitterer (und natürlich nicht durch ein staatliches soziales Netz abgefederter) Armut.

Gleichwohl: Inmitten aller Betriebsamkeit halten insbesondere vor den großen Hauptkirchen der Stadt immer wieder Fußgänger inne – nicht die Mehrzahl aller Vorbeiströmenden, nicht einmal die Mehrheit der Orthodoxen unter ihnen (von denen freilich der eine oder die andere auch schon die letzte Kirche am Weg so gewürdigt haben mag und also seiner Pflicht ledig ist), aber auch keineswegs nur ganz vereinzelte Passanten –, unterbrechen ihren Gang, wenden sich frontal dem Gotteshaus zu, verbeugen und bekreuzigen sich dreimal, bevor sie ihren Weg fortsetzen. Die Dreizahl der Verbeugungen und Bekreuzigungen hat ihren Grund natürlich in der Trinität. Und auch im circa zwölfsitzigen Minibus, dem vielleicht wichtigsten und jedenfalls auffälligsten öffentlichen Verkehrsmittel Addis Abebas, konnte ich dergleichen Verbeugungen und Bekreuzigungen immer wieder bei Fahrgästen beobachten. Dabei sind naturgemäß die Verbeugungen aufgrund der räumlichen Enge auf wenig mehr als ein Nicken des Kopfes reduziert, und die Bekreuzigungen werden wegen der Geschwindigkeit der Vorbeifahrt sehr beschleunigt, wenn nicht gar nur angedeutet. Doch nichtsdestotrotz, die verehrende Geste wird von vielen Orthodoxen auch in dieser Situation gemacht, und sogar nicht wenige Taxifahrer lassen sie sich bei aller Eile der Fahrt nicht nehmen. Insgesamt lässt sie sich bei beiden Geschlechtern und in allen Altersgruppen beobachten, keineswegs etwa ist sie, wie man vielleicht vermuten könnte, im Wesentlichen auf Frauen beschränkt. Nein, auch zahlreiche Männer (von den Taxifahrern war ja bereits die Rede) beugen ihr Haupt vor den Kirchen. Dabei ist allerdings zu konzedieren, dass es junge Männer tatsächlich wohl am wenigsten tun, wenngleich es auch bei ihnen durchaus nicht nur ganz vereinzelt vorkommt.

Mit diesem – wie ich finde – schönen Bild von orthodoxer äthiopischer Frömmigkeit vor Augen möchte ich mein Impressions-Kaleidoskop beenden. Gewiss ist nicht jede meiner geschilderten Erfahrungen sogleich repräsentativ für die Situation im Land insgesamt. Andererseits hoffe ich jedoch, ja bin ich zuversichtlich, dass sie in der Summe einen mehr als nur zufälligen Eindruck von der religiösen Gestimmtheit des gegenwärtigen Äthiopien vermitteln.

Die Äthiopisch-Orthodoxe Kirche

Ein Streifzug durch ihre Geschichte

Karl Pinggéra

Mit dem Titel des vorliegenden Sammelbandes ist ein wesentliches Element des historischen Selbstverständnisses der äthiopischen Kirche genannt: Sie versteht sich als Kirche im Land der „Königin von Saba". Äthiopische Christen erinnern noch heute gerne an jene Herrscherin, von der das Alte Testament zu berichten weiß, sie sei nach Jerusalem gereist, um sich von der Weisheit des Königs Salomo persönlich zu überzeugen. Sie wurde nicht enttäuscht. Von den Fähigkeiten Salomos zeigte sie sich so beeindruckt, dass sie den Gott Israels pries und dem Monarchen kostbare Geschenke überreichte (1 Könige 10,1-13).

An diese Episode knüpft das äthiopische Nationalepos *Kebra nagast* („die Ehre der Könige") an, das frühestens im 14. Jahrhundert, vielleicht auch ein Jahrhundert später, redigiert wurde. Hier wird die Königin von Saba als Herrscherin Äthiopiens vorgestellt. Mit großer Erzählfreude wird ausgemalt, wie die Königin den biblischen Salomo besucht haben und aus ihrer beider Verbindung ein Sohn hervorgegangen sein soll. Dieser Menelik sei zunächst in der Heimat seiner Mutter aufgewachsen, soll dann aber als junger Mann zu Salomo zurückgekehrt sein. Zusammen mit 40 Leviten konnte er dabei das zentrale Heiligtum Israels, die Bundeslade, aus dem Tempel fortnehmen und sie – unter allerlei wundersamen Begleitumständen – nach Äthiopien bringen, wo sie seitdem aufbewahrt werden soll. Eine Kapelle in der alten Königstadt Aksum im Norden des Landes gilt bis heute als Schrein der Lade, die von einem eigens dafür abgestellten Mönch gehütet wird. Er ist der einzige Geistliche, der das Privileg genießt, die Lade zu sehen. Die Reliquie ist in mehrfacher Hinsicht bedeutungsvoll für die äthiopische Christenheit. In jeder Kirche befindet sich eine Nachbildung der Lade, der sogenannte „Tabot", der für die Feier des Altarsakramentes unverzichtbar ist.

Es soll in diesem Zusammenhang nur angedeutet werden, dass die Geschichte von der Königin von Saba unter streng historisch-kritischen Gesichtspunkten als Legende beurteilt werden muss. Das gilt auch für die Frage, ob sich die „echte" Bundeslade tatsächlich in Aksum befindet. Und schließlich wird man aus liturgiewissenschaftlicher Perspektive darauf hinweisen müssen, dass der Tabot ursprünglich schlicht eine Art Tragaltar darstellte und erst nach Aufkommen der Legende von der Königin von Saba als Nachbildung der Bundeslade aufgefasst wurde. Die moderne Geschichtswissenschaft erhebt übrigens auch Einspruch, wenn äthiopische Christen – naheliegenderweise – die Taufe des „äthiopischen" Kämmerers durch den Apostel Philippus (Apostelgeschichte 8,26-40) für sich reklamieren. Denn mit „Äthiopien" ist hier (dem Sprachgebrauch der Zeit ganz entsprechend) eher Nubien gemeint, wofür auch der Königinnentitel „Kandake" spricht, in deren Diensten der „Äthiopier" stand.

Legenden haben ihre eigene Wahrheit und sie erzählen vom Selbstverständnis und dem Anspruch derer, die sie tradieren. Zweierlei macht die Geschichte von der Königin von Saba deutlich: Die äthiopische Christenheit sieht sich als eine in ihrer afrikanischen Heimat angestammte Religion (eben als Kirche im Land der Königin von Saba), die zugleich uralte Verbindungen mit der biblischen Heilsgeschichte des Vorderen Orients besitzt. Sie ist „die afrikanische Kirche des ‚wahren Israel'" wie Wolfgang Hage ihr Selbstverständnis treffend auf den Punkt gebracht hat (HAGE 2007, 219-222).

Auswärtigen Betrachtern ist die äthiopische Kirche, gerade in diesem ihrem Anspruch, oftmals etwas fremd, ja sogar exotisch vorgekommen. Manche ihrer Riten und Gebräche erscheinen selbst Kennern der östlichen Liturgien rätselhaft. Man lese dazu nur die vergnüglichen Aufzeichnungen Evelyn Waughs von seinem Äthiopienaufenthalt anlässlich der Kaiserkrönung Haile Sellasies im Jahr 1930 (Evelyn WAUGH, Befremdliche Völker, seltsame Sitten. Expeditionen eines englischen Gentleman, Frankfurt am Main 2007, 7-159). Manchen protestantischen Missionaren des 19. Jahrhunderts galten Züge der Frömmigkeit als halb heidnisch; katholische Geistliche nahmen seit den ersten direkten Begegnungen im 16. Jahrhundert vor allem an dem christologischen Bekenntnis der Kirche Anstoß. Zuweilen führte aber gerade das Fremdheitsempfinden dazu, eine besondere Nähe der äthiopischen Kirche zum ursprünglichen Christentum erkennen zu wollen. Diese Vermutung stand etwa hinter dem gesteigerten Interesse an Äthiopien, wie es am Hofe Ernst des Frommen von Sachsen-Gotha (1601-1675) zeitweise kultiviert wurde.

Unser Streifzug durch die Geschichte der Äthiopisch-Orthodoxen Kirche wird darauf eingehen, wie es zu dem Selbstverständnis kam, durch unmittelbare salomonische Abstammung des Kaiserhauses das „wahre Israel" auf afrikanischem Boden zu repräsentieren. Sodann wird uns auch deutlich werden, wie diese Kirche in langen Zeiten relativer Abgeschiedenheit vom *Orbis christianus* eine ganz eigene Prägung erfuhr. Schließlich soll aber auch daran erinnert werden, dass diese Abgeschiedenheit eben nur eine *relative* war und diese Kirche seit ihrer Gründung immer wieder in Kontakt mit anderen Teilen der Christenheit stand und sich im 20. Jahrhundert auf verschiedenen Ebenen an ökumenischen Bestrebungen beteiligt hat.

1. Byzanz und Aksum: die Anfänge des Christentums

1.1. Die Bekehrung des aksumitischen Reiches

Die christlichen Anfänge verweisen in das Reich von Aksum, das aus verschiedenen Staatenbildungen des äthiopischen Hochlandes etwa im 1./2. Jahrhundert n. Chr. als machtvolles Reich hervorgegangen war. In seinen Inschriften begegnet eine südsemitische Sprache, das *Geez*, das später zur christlichen Literatursprache werden sollte und bis heute in der Liturgie Verwendung findet. Nicht nur die Sprache, auch die Gestalt der erhaltenen Bauwerke jener Zeit deuten darauf hin, dass im Laufe des ersten vorchristlichen Jahrtausends Semiten vom Süden der arabischen Halbinsel aufgebrochen waren, das Rote Meer überfahren und sich im Gebiet des heutigen Äthiopien niedergelassen haben. Für die Kultur Aksums freilich gilt, dass zu dieser südarabisch-semitischen Prägung noch weitere Einflüsse hinzuzunehmen sind. Durch den Hafen Adulis spielte das Reich eine prominente Rolle im Güterverkehr zwischen dem Mittelmeer und Indien. So trat man auch in Berührung mit der hellenistischen Welt. Griechische Inschriften legen davon Zeugnis ab.

Es ist kein Zufall, dass von Adulis her das Christentum, und zwar das Christentum griechischer Prägung, Eingang in das Reich von Aksum fand. Man kann nur vermuten, dass hier christliche Kaufleute die erste Kunde ihrer Religion verbreitet haben. Historisch sicheren Boden betreten wir mit der Darstellung des Kirchenhistorikers Rufin von Aquileia, der um 400 davon berichtet, wie das christliche Brüderpaar Frumentios und Aidesios aus Tyros in der ersten Hälfte des 4. Jahrhunderts auf dem Roten Meer Schiffbruch erlitten haben und über Adulis an den Hof in Aksum gelangt sind. Dort konnte König Ezana, der etwa von 330 bis 370 regierte, für das Christentum gewonnen werden. Frumentios scheint eine einflussreiche Stellung bei Hofe gehabt zu haben, während sein Bruder in die Heimat zurückkehrte, wo er Rufin persönlich von den Vorkommnissen in Äthiopien erzählt haben soll. Neben Rufins Bericht treten Inschriften und die Münzprägung Ezanas, die seinen Übergang zum

Christentum anschaulich belegen. In den königlichen Inschriften ersetzt der Ausdruck „Herr des Himmels und der Erde" die üblichen Widmungen an die alte Göttertrias Mahrem, Beher und Medr. Die geringe Präzision des neuen Ausdrucks ist auffällig; die christliche Dreifaltigkeit bzw. der Christusname werden nicht explizit genannt. Das könnte auf eine Übergangsphase hinweisen, in der man dem alten Heidentum durch eine diplomatisch gewählte Gottesbezeichnung nicht allzu sehr vor den Kopf stoßen wollte. Auf den späteren Münzen Ezanas erscheint immerhin das Kreuzeszeichen statt der heidnischen Symbole Sonne und Mond.

1.2. Die Verbindung zu Alexandrien und zur Mittelmeerwelt

Ein ganz wesentliches Charakteristikum der äthiopischen Kirche ergab sich aus dem Umstand, dass Frumentios nach Alexandrien ging, um dem Glauben im Reich von Aksum eine feste institutionelle Gestalt zu geben: Er ließ sich wohl zwischen 330 und 340 (das genaue Datum ist unsicher) von Athanasius dem Großen zum Bischof für Aksum weihen. Athanasius selbst erwähnt den Vorgang übrigens in seiner Apologie an Kaiser Konstantius II. Auf diese Weihe geht es zurück, dass die Äthiopier ihren Bischof, den *Abuna*, stets vom Stuhl Alexandriens erhalten haben. Über Jahrhunderte hinweg waren es koptische Mönche, die in der ägyptischen Metropole geweiht wurden, um ihre Reise in ein fernes Land anzutreten und dort für den Rest ihres Lebens zu bleiben. An dieser Praxis hat sich bis 1951 nichts geändert. Sprache und Kultur Äthiopiens waren diesen ägyptischen Geistlichen in der Regel fremd. Ihre Tätigkeit beschränkte sich weithin auf die Spendung der notwendigen Weihen, während die eigentliche Gewalt über die Kirche in der Hand der Kaiser lag.

Athanasius erwähnt Frumentios, weil sich Konstantius II. (337-361) brieflich an den Herrscher Aksums gewandt hatte, um den Glaubensboten in das römische Reich zurückzuschicken, damit er sich dort vor kaisertreuen Bischöfen für seine Weihe rechtfertige. Athanasius und Konstantius II. befanden sich in heftigen Auseinandersetzungen über das Konzil von Nizäa (325) und die Geltung seines Glaubensbekenntnisses. Die Weihe durch Athanasius musste dem Kaiser ein Stein des Anstoßes sein. Über irgendwelche Folgen des kaiserlichen Schreibens in Äthiopien ist freilich nichts bekannt. Immerhin zeigt der Bericht des Athanasius, dass die Christianisierung Aksums nicht unbemerkt geblieben war – und dass der Kaiser ein wie auch immer geartetes Interesse an den dortigen kirchlichen Verhältnissen hatte. Diesem Interesse ist wohl auch die Entsendung eines gewissen Theophilus geschuldet, der einige Jahre später von Konstantius II. zu den christlichen Gemeinden Südarabiens, Indiens und auch

Aksums gesandt wurde, um das trinitarische Dogma im Sinne des Kaisers (d. h. mit antinizänischer Tendenz) zu verbreiten.

Das äthiopische Christentum galt also von Anfang an als Teil der einen Kirche, die ihren Ursprung und ihre hauptsächlichen Zentren im Römischen Reich hatte. Ein – durchaus selbstbewusster – Teil dieser einen katholischen Kirche wollte man auch in Äthiopien selbst sein. Das zeigt sich im bewussten Anschluss an den alexandrinischen Stuhl, spiegelt sich aber auch in den Übersetzungen von biblischen und patristischen Texten ins Geez, die noch in der Spätantike angefertigt wurden. Die Auswahl der biblischen Text zeigt allerdings, dass man doch weit entfernt war von den Regionen, aus denen die Textvorlagen stammten. So haben die Äthiopier die reichskirchliche Fixierung des biblischen Kanons, die erst in einem längeren Prozess zu einem verbindlichen Abschluss kam, nicht mitvollzogen. Bis heute finden sich in ihrer Bibel manche Schriften, die in den Kanones aller anderen Kirchen fehlen und gewöhnlich zu den „zwischentestamentlichen" Schriften bzw. den alttestamentlichen „Pseudepigraphen" gerechnet werden. Dem eigentümlichen Kanon der Äthiopier ist u. a. der glückliche Umstand zu verdanken, dass das sogenannte „Erste Henochbuch", ein unschätzbares Dokument für die Entwicklung der jüdischen Apokalyptik, wenigstens in äthiopischer Sprache vollständig erhalten geblieben ist.

Es waren Mönche aus dem Mittelmeerraum, die im frühen 6. Jahrhundert dazu beitrugen, dass das Christentum in Äthiopien weiter verbreitet wurde und dauerhafte Wurzeln schlagen konnte. Die in der Tradition genannten „Neun römischen Heiligen" werden besonders als Gründer von Klöstern verehrt, die bis heute bestehen. Die Lebensbeschreibung des hl. Kyriakos von Kyrill von Skythopolis († um 558) bezeugt eventuell eine weitere Verbindung Äthiopiens mit dem altkirchlichen Mönchtum. In einer Passage, die allerdings nur in der georgischen Version begegnet, wird von einem palästinischen Mönch namens Thomas berichte, der unter Patriarch Martyrius von Jerusalem (478-486) mit Briefen nach Alexandrien gesandt worden sein soll. Vom dortigen Patriarchen sei er zum Bischof für Äthiopien geweiht worden, wo er viele Kirchen gegründet und das Mönchtum nach dem Vorbild des palästinischen Mönchsvaters Euthymius eingeführt habe. Es ist nicht unwahrscheinlich, dass die georgische Übersetzung der Vita hier eine originale Notiz bewahrt hat, die in dem erhaltenen griechischen Text verloren gegangen ist (vgl. Gérard GARITTE, La version géorgienne de la Vie de S. Cyriaque par Cyrille de Scythopolis, in: Le Muséon 75, 1962, 399-440, bes. 405f.). In den äthiopischen Quellen hat der Mönch und Bischof Thomas freilich kein Echo gefunden.

1.3. Christliche Großmacht am Roten Meer

Zu machtpolitischen Verbindungen mit Byzanz kam es im 6. Jahrhundert, als sich die Oströmer in harten Fehden mit der rivalisierenden Großmacht Persien befanden. Dabei ging es auch um die Vorherrschaft über Südarabien und die Handelsrouten des Roten Meeres. Um dem persischen Vordringen in diesen Raum Einhalt zu gebieten, knüpften Justin I. (518-527) und Justinian I. (527-565) enge Beziehungen zum Reich von Aksum. Das äthiopische Reich galt in Byzanz also als ein christliches Land und damit als der gegebene Bündnispartner. Ausgelöst wurden die ersten militärischen Aktionen, die nach Südarabien übergriffen, durch den jemenitischen Herrscher Dhu Nuwas, der sich zum Judentum bekehrt hatte und seit etwa 520 die Christen seines Herrschaftsgebietes fanatisch verfolgte. Justin I. unterstützte den aksumitischen König Kaleb Ella Asbeha († vor 549) bei seinen Feldzügen nach Südarabien. Im Jahre 525 konnte der Sieg errungen und Südarabien äthiopischer Herrschaft unterstellt werden. Erst eine himyaritisch-persische Allianz hat die Aksumiten Ende des 6. Jahrhunderts von der südarabischen Halbinsel wieder vertrieben. Andere Kriegsschauplätze haben den Byzantinern zu diesem Zeitpunkt die Hände gebunden.

Es mag mit u.a. mit dem Wirken der „Neun römischen Heiligen" zu tun haben, dass die Äthiopier sich in den christologischen Streitigkeiten im Laufe der Zeit dem sogenannten „miaphysitischen" Bekenntnis angeschlossen haben. In Anlehnung an Kyrill von Alexandrien († 444) wurde in dieser theologischen Richtung Göttliches und Menschliches in Jesus Christus in der „einen Natur" (griech.: *mia physis*) des menschgewordenen Wortes Gottes zusammengedacht. Dagegen hatte schon das Konzil von Chalcedon (451) von „zwei Naturen" in der einen Person (griech: *hypostasis*) gesprochen, eine Entscheidung, die vom Zweiten Konzil zu Konstantinopel (553) noch einmal bekräftigt wurde. Aus dem Widerstand gegen diese Zwei-Naturen-Lehre sind eigenständige, bis heute fortbestehende Kirchen hervorgegangen, die in ihrem Glauben von der byzantinischen Reichskirche geschieden waren. Konfessionskundlich bezeichnet man diese Kirchen heute als „miaphysitische", „vor-chalcedonensische" oder auch „orientalisch-orthodoxe" Kirchen. Zu ihnen gehören neben der Äthiopisch-Orthodoxen Kirche: die Armenische Apostolische Kirche, die Syrisch-Orthodoxe Kirche, die Koptisch-Orthodoxe Kirche, die Malankarische Syrisch-Orthodoxe Kirche (in Südindien) sowie die Eritreisch-Orthodoxe Kirche. Den Glauben an die *eine* gott-menschliche Natur des Erlösers bringt die äthiopische Kirche heute mit ihrer offiziellen Selbstbezeichnung unübersehbar zum Ausdruck: „Äthiopische Orthodoxe *Tewahedo* Kirche". Das Wort *Tewahe-*

do stammt aus dem Geez und bedeutet „Einheit", womit die naturhafte Einheit Christi als Gott und Mensch angezeigt werden soll.

1.4. „Dunkle" Jahrhunderte

Die Vertreibung der Aksumiten aus Südarabien leiteten einen lang anhaltenden Niedergang des Reiches ein. Die „dunklen" Jahrhunderte der äthiopischen Geschichte beginnen, aus denen wir nur äußerst spärliche Nachrichten besitzen. Äthiopien büßte seine wirtschaftliche Bedeutung ein, die Häfen am Roten Meer entglitten seiner Aufsicht. Die Beziehungen zu Byzanz und damit zur christlichen Mittelmeerwelt scheinen fast ganz zum Erliegen gekommen zu sein. Die Kontakte zum Kaiser am Goldenen Horn brechen (spätestens) in der ersten Hälfte des 7. Jahrhunderts ab. Auch die Münzprägung erlischt bis auf weiteres. Zu den letzten Münzen, die ein äthiopischer Monarch schlagen ließ, gehören die Silberlinge des Königs Armah (7. Jahrhundert), die möglicherweise das Heilige Grab zu Jerusalem zeigen, womit – wiederum: möglicherweise – auf die Rückführung des von den Persern geraubten Kreuzes in die Heilige Stadt Jerusalem 629 angespielt werden soll. Aksum dürfte seine Rolle als Hauptstadt des Reiches spätestens im 9./10. Jahrhundert verloren haben.

Die wenigen sicheren Informationen über Äthiopien und seine Kirche zeigen freilich, dass selbst in dieser Periode der Kontakt zum Rest der christlichen Welt nie ganz abgebrochen war: Wir hören gelegentlich von jenen Bischöfen, die aus der (miaphysitischen, also koptischen) Kirche Alexandriens stammten. Und ganz gelegentlich hören wir von äthiopischen Pilgern im Heiligen Land, so etwa im Reisebericht des Eichstätter Bischofs Willibald († 787/88), der sich 723-727 in Palästina aufgehalten hat. Die Errichtung eigener Klöster im Heiligen Land blieb aller Wahrscheinlichkeit nach einer späteren Zeit vorbehalten, nachdem das äthiopische Reich zu neuer Kraft gefunden hatte.

2. Salomonische Dynastie und erste Kontakte mit dem Westen

2.1. Äthiopien als das „wahre Israel"

Gesicherte Nachrichten über christliche Herrscher erreichen uns erst wieder aus dem 12. Jahrhundert. Um 1137 hat die Dynastie der Zagwe ihre Herrschaft errichtet. Ihr Machtzentrum lag deutlich südlich des alten Aksum in der Provinz Lasta. Im Hauptort Roha entstanden zahlreiche, direkt aus dem Fels gehauene Kirchen, die König Lalibela (12./13. Jahrhundert) in Auftrag gegeben haben soll. Allein schon die technische Meisterleistung, ganze Felsen von innen her auszuhöhlen und nach der Form einer Kirche zu meißeln, erregt höchste Bewunderung. Aber auch die kunstvoll gefertigten Steinreliefs tragen dazu bei, dass die Kirchen der Stadt, die zum Andenken an den großen Monarchen in „Lalibela" umbenannt wurde, zu den wohl beeindruckendsten Sehenswürdigkeiten Äthiopiens gehören.

Mit Yekunno Amlak wurden die Zagwe 1270 von einer Dynastie verdrängt, die sich als „salomonische" bezeichnete. Sie legitimierte sich durch den Anspruch, unmittelbar von den alten aksumitischen Königen abzustammen. Mit dem Herrschaftsanspruch dieser Dynastie beginnt eine Epoche der äthiopischen Geschichte, die von einer machtvollen Ausdehnung des Reiches ebenso gekennzeichnet war wie von einer kulturellen Blüte. Jetzt entstanden wieder literarische Werke, vornehmlich im Geez, aber vereinzelt auch schon in der Volkssprache des Amharischen, das heute von rund 27% der äthiopischen Gesamtbevölkerung gesprochen wird. Das Epos *Kebra nagast*, von dem eingangs die Rede war, ist in den ersten Jahrhunderten der salomonidischen Herrschaft entstanden. Mit der Erzählung von der Königin von Saba und ihrem Sohn dient das Werk ganz entschieden dem Thronanspruch der Dynastie und verleiht ihr eine gleichsam sakrosankte Würde. Zumindest der Theorie nach waren es fortan Nachfahren des Königs Salomo, die bis zum Ende der Monarchie1974 die Geschicke des Landes gelenkt haben. Die salomonidische Herrschaftsideologie lag noch der Verfassung des Kaiserreiches von 1955 zu Grunde.

Die Identifikation mit dem alten Israel, die uns in *Kebra nagast* entgegentritt, verdankt sich wohl auch der politisch prekären Lage. Äthiopien war von nichtchristlichen Territorien umschlossen und sah sich einem immer aggressiver vordringenden Islam ausgesetzt. Man mag sich in dieser Umklammerung in einem weit stärkeren Maße mit dem Gottesvolk des Alten Testamentes ineins gesehen haben, als dies von dem traditionellen typologischen Selbstverständnis der Kirche als dem „neuen" oder „wahren Israel" angelegt war. Auf alle Fälle ist zu beachten, dass viele Züge in Kult und Brauchtum der äthiopischen Kirche, die an jüdische Rituale erinnern, im Zusammenhang mit dieser Identitätsbildung zu verstehen sind. Lange Zeit wollte man solche Praktiken auf unmittelbare jüdische oder judenchristliche Einflüsse zurückführen, die das werdende Christentum Äthiopiens in der Spätantike geprägt hätten. Doch herrscht in der heutigen Forschung Einigkeit darüber, dass all diese Elemente entweder im Zusammenhang mit jener „salomonischen" Identitätsbildung im Mittelalter stehen – oder einfach dem gemeinsamen kultischen Erbe des christlichen Ostens angehören und erst später als besondere und bewusste Übernahmen aus dem Judentum interpretiert worden sind. Für letzteres wurde in der Einleitung schon die Deutung des Tabots genannt, jene Altartafel in den äthiopischen Kirchen, die erst sekundär zur Nachbildung der Jerusalemer Bundeslade stilisiert wurde. Ferner wären hier u.a. zu nennen: die Beschneidung der Knaben am 40. Tag nach der Geburt, die Heiligung des Sabbats wie auch die Gliederung des Kirchenbaues in Vorhalle, Hauptraum und Allerheiligstes.

Übrigens ist auch die Entstehung jenes Volkstums, das als *Beta Esrael* („Haus Israel") oder „Falascha" bezeichnet wird, in den eben skizzierten Zusammenhang einzuzeichnen. Auch hier geht die Forschung nicht länger davon aus, dass es sich dabei um eine jüdische Gruppe handelt, die sich aus den Zeiten der Antike in Äthiopien über die Jahrhunderte gerettet habe. Vielmehr ist die Ethnogenese der Falascha im Rahmen einer neuen Identitätsbildung unter „israelitischem" Vorzeichen zu verstehen. Volksteile in entlegenen Gebieten scheinen sich in einem Prozess vom 14.-16. Jahrhundert noch exklusiver, als die kaiserliche Doktrin es vorgab, als „Israel" begriffen und sich vom Christentum gänzlich gelöst zu haben. Vielschichtige soziale und ökonomische Aspekte scheinen dafür verantwortlich zu zeichnen. Wenngleich man sich durch die besonders strenge Beachtung der alttestamentlichen Reinheitsvorschriften von der Umwelt absetzte, haben die Falascha doch Elemente der christlichen Kultur wie etwa das Mönchtum beibehalten. Außerdem hat man Praktiken (wie das Opfern von Tieren), die im Judentum nach der Zerstörung des Tempels gar nicht mehr vollzogen werden, unmittelbar aus dem Alten Testament übernommen. Von auswärtigen Beobachtern, protestantischen Missionaren und jüdischen Organisationen, im 19. Jahrhundert entdeckt und nun für tatsächliche Juden gehalten (freilich mit sonderbaren Riten), traten die Falascha erst jetzt in Kontakt mit dem weltweiten Judentum und haben sich Zug um Zug dem allgemein üblichen Brauchtum dieser Religion angeglichen. Dem Staat Israel gelten sie als Angehörige des jüdischen Volkes. Durch mehrere Auswanderungswellen leben die meisten Falascha, etwa 70.000, heute in Israel, während nur noch einige Tausend von ihnen in Äthiopien anzutreffen sind.

2.2. Übersetzungen aus dem Arabischen

Durch die nie abgerissenen Kontakte mit der koptischen Kirche, von der man den Abuna bezog, ist es in dieser Epoche auch zu zahlreichen Übersetzungen koptischer theologischer Werke vom Arabischen ins Geez gekommen. Darunter befanden sich übrigens auch Schriften, die ihrerseits aus der mittelalterlichen religiösen Literatur Westeuropas ins Arabische übersetzt worden waren. So lag den Äthiopiern etwa eine arabische Sammlung von wundersamen Geschichten mit der Jungfrau Maria vor. Es handelte sich um eine Wundersammlung aus Frankreich, die im 13. Jahrhundert ins Arabische übertragen worden war. Von Ägypten gelangte sie nach Äthiopien, wo sie ins Geez übersetzt wurde. Dabei haben die Äthiopier den Sagenkranz eigenständig mit Material aus dem Christlichen Orient ergänzt. Diese Sammlung *Taammera Maryam* („Wunder Mariens") hat in der äthiopischen Kirche eine nahezu kanonische Stellung erlangt. Dass auf dem Wege der Übersetzung manches aus dem Original unkenntlich werden musste, liegt auf der Hand. Die Äthiopier besaßen keine rechte Vorstellung von den Orten, an denen einzelne Wunder spielen. So reimte sich der äthiopischer Übersetzer die arabische Wiedergabe von „Chartres" mit *dschartris* als arabisch *dschazirah* („Insel") zurecht. Folglich findet das betreffende Wunder in der äthiopischen Fassung nicht mehr in der französischen Wallfahrtsmetropole statt, sondern auf einer Mittelmeerinsel. Mit dem altfranzösischen „Rocamadour", was im Arabischen wiederum möglichst getreu wiedergegeben wurde, wusste man gar nichts anzufangen und ersetzte den Ortsnamen kurzerhand durch „Bethlehem". Es lag wohl nahe, das wundersame Handeln der Jungfrau dort – und nicht an einem Ort unverständlichen Namens – anzusiedeln.

2.3. Blüte des Mönchtums – Theologische Streitfragen

Das Mönchtum hat unter den Salomoniden einen erheblichen Aufschwung genommen. Der bis heute viel verehrte Takla Haymanot († 1312) gründete Dabra Libanos im Süden (in der Provinz Schoa) und soll eine gewichtige Rolle bei der Einsetzung der neuen Dynastie gespielt haben. Er war Schüler von Iyasus Moa († 1292), der im Osten des amharischen Stammlandes das Stephanuskloster im Hayqsee (Dabra Hayq) gegründet hatte. Iyasus Moa bekleidete das Amt eines Oberhauptes aller Klöster (von Mönchen und Nonnen). Dieses Amt, später mit der etymologisch unklaren Bezeichnung *Etschäge* versehen, galt als zweithöchste kirchliche Würde nach dem Abuna. Da es von einem Einheimischen ausgeübt wurde, war der Einfluss des Etschäge zuweilen deutlich größer als der des landfremden Abunas. Zunächst wurde das Amt von den Äbten des Stephanusklosters ausgeübt, ehe es später an die Vorsteher von Dabra Libanos überging.

Ein anderer großer Mönchsvater war Ewostatewos († 1352), der seine Tätigkeit im Norden, dem heutigen Eritrea, entfaltete. Mit seinen Schülern trat er nachdrücklich dafür ein, den Sabbat in derselben Weise zu heiligen wie den Sonntag. Das widersprach der Tradition, wie sie der koptische Abuna verkörperte. Es ist bezeichnend, wohin sich Ewostatewos wandte, um sich vor der kaiserlichen Verfolgung in Sicherheit zu bringen. Wie seine Vita (äth. *gädl*) berichtet,

ist er – freilich vergeblich – nach Ägypten gezogen, um vom koptischen Patriarchen rehabilitiert zu werden. Danach machte er sich als Pilger ins Heilige
Land auf, von wo er in das kleinarmenische Königreich Kilikien weiterreiste.
Dort starb er. Und dort hat ihn der in Sis residierende armenische Katholikos
bestattet. Diese Route zeigt, dass ein äthiopischer Mönch im 14. Jahrhundert
sehr wohl wusste, wo seine miaphysitischen Glaubensverwandten anzutreffen
waren – und dass er dort auch als ein solcher empfangen wurde. Unter Kaiser
Zara Yaqob (1434-1468) ist die Frage der Sabbatheiligung dann auf dem Konzil von Dabra Metmaq 1450 ganz im Sinne des Ewostatewos entschieden worden. Der einst verfolgte Ewostatewos wird deswegen unter die Heiligen der
äthiopischen Kirche gezählt.

Zara Yaqob ist in mehrfacher Hinsicht für Glaube und Gestalt seiner Kirche
bedeutsam geworden. So hatte er sich zum Ziel gesetzt, die heidnischen Praktiken, die im Volke immer noch kursierten, endgültig auszurotten. Verhasst
waren ihm insbesondere Magie und Zauberei, von denen er sich auch persönlich bedroht fühlte. Jeder Christ sollte fortan auf einen eigenen Beichtvater
verpflichtet sein. Eine besondere Verehrung pflegte der Kaiser für die Jungfrau
Maria. Ihr zu Ehren wurden monatliche Marienfeiertage eingeführt, wie auch
die Verehrung des Kreuzes und von Bildern mit Jungfrau und Kind gefördert
wurde. Widerstand dagegen erhob sich von dem Mönch Estifanos († um 1450)
und seinen Gefährten. Sie wandten sich auch gegen die Laxheit und den Wohl-
stand der Klöster. Nicht nur die Ehrerweisungen gegenüber Bildern waren
ihnen ein Dorn im Auge. Auch und erst recht die tiefe Verbeugung vor dem
Kaiser, wie sie das Zeremoniell vorsah, fanden diese Mönche nicht statthaft.
Allein vor Gott selbst habe sich der Christ zu beugen. Estifanos und seine Bewegung wurden unterdrückt. Gegen unorthodoxe Praktiken aller Art pflegte
Zara Yaqob rücksichtslos vorzugehen. Dabei schreckte er vor der Todesstrafe
für Abweichler nicht zurück. Zum Bild des Kaisers gehört aber auch, dass er
ein gebildeter Mann war. Mehrere theologische Traktate von hohem Niveau
werden ihm zugeschrieben, so etwa das „Buch des Lichtes" und das „Buch der
Geburt", die sich beide gegen Häresien wenden. Wenn Zara Yaqob auch nicht
im Vollsinne ihr Autor war, so wurden diese Werke wohl doch unter seiner
Anleitung von Hofgeistlichen zusammengestellt. Mit Zara Yaqob hat die äthiopische Kirche jedenfalls endgültig ihr staatskirchliches Profil erhalten, in dem
der Kaiser Kult und Mönchtum, Theologie und Lehre bestimmte.

2.4. Verbindungen zu Europa

Der Islam, der sich an den Küsten des Roten Meeres festsetzte, hatte zum Rückzug des äthiopischen Reiches in die Gegenden des Hochlandes geführt. Gegen die Muslime haben die salomonidischen Herrscher schon früh Verbündete in Europa gesucht. Es war nicht mehr Byzanz, dessen Macht im Zerfall begriffen war, sondern der Bereich der lateinischen Kirche, an den man sich wandte und wo man, wie einst in Byzanz, mit einiger Selbstverständlichkeit christliche Verbündete erblickte. In diesem Sinne entsandte bereits Kaiser Wedem Arad 1306 eine Delegation nach Europa, die u. a. mit Papst Clemens V. in Avignon zusammentraf. Militärische Ergebnisse hat die äthiopische Gesandtschaft freilich nicht erreichen können. In Genua kam es zu einem längeren Gespräch mit dem Rektor der Kirche San Marco, Giovanni di Carignano († 1330), einem berühmten Kartographen. Diesem verdankt Europa erste detailliertere Auskünfte über Lage, Regierung und Kultur des äthiopischen Reiches. Vielleicht war Carignano der erste, der das sagenhafte Reich des Priesterkönigs Johannes in Afrika lokalisierte. Auf alle Fälle hat sich über das Spätmittelalter hinaus die Vorstellung gehalten, diesen geheimnisvollen Streiter gegen die Muslime in Äthiopiens Herrscher gefunden zu haben.

Vom venezianischen Dogen Michele Steno (1400-1413) erbat Kaiser Dawid I. (1382-1413) rund ein Jahrhundert später ein Stück vom Kreuzesholz Christi. Der Doge entsprach der Bitte und sandte eine Kreuzpartikel zusammen mit anderen wertvollen Geschenken nach Äthiopien. Die Ankunft der Reliquie wird ausführlich in einer äthiopischen Quelle beschrieben. Der Kaiser habe den Gesandten des „Königs von *Bandaqeya* (Venedig)" mit großer Freude empfangen. Im äthiopischen Kirchenjahr wird dieses Ereignis mit einem acht Tage dauernden Fest zu Ehren des heiligen Kreuzes (äth. *masqal*) begangen (10-17. Maskaram/20.-27. September). Dawid I., der gegen die Mamluken in Ägypten und gegen die islamischen Sultane südöstlich seines Landes in den Kampf zog, hatte noch andere Verbindungen nach Europa geknüpft, so unter anderem nach Mailand.

Weitere Gesandtschaften in den Westen folgten. So schlug Kaiser Yeshaq (1413-1430) König Alfons V. von Aragon ein Bündnis vor, das mit einer Doppelhochzeit zwischen den beiden regierenden Häusern bekräftigt werden sollte. Der Plan verlief im Sande. Die Gesandtschaft von Zara Yaqob an den aragonesischen Hof 1450 brachte erstmals eine Reihe von Kunsthandwerkern mit nach Äthiopien. Die abendländische Kunst übte einen starken Einfluss auf die Malerei Äthiopiens aus. Dieser Einfluss ist bis heute unverkennbar, wenngleich die Äthiopier die westlichen Vorbilder in ihre eigene Formsprache umgeschmolzen haben. Abgesehen von stilistischen Eigenheiten können bestimmte, in der ostchristlichen Kunst sonst ganz unbekannte Bildthemen (von der Pietà über den dornengekrönten Christus bis hin zu Darstellungen der trinitarischen Personen) ihre Herkunft aus dem Abendland nicht verleugnen. – Von einem äthiopischen Gesandten in Lissabon hören wir im Jahre 1452, von einem anderen beim Herzog von Mailand im Jahr 1459.

2.5. Der Versuch einer Union mit Rom – Äthiopische Mönche in Rom

Auf dem Hintergrund dieser Beziehungen Äthiopiens zum Abendland erstaunt es nicht, dass die äthiopische Kirche auch in die Versuche Papst Eugens IV. einbezogen wurde, die Einheit von östlicher und westlicher Christenheit wiederherzustellen. Nachdem der Papst das 1431 zusammengetretene Konzil von Basel – gegen dessen konziliaristische Mehrheit – 1437 nach Ferrara und wenig später nach Florenz verlegt hatte, wurden dort die Unionsverhandlungen mit den getrennten Schwesterkirchen des Ostens geführt. Am bekanntesten ist sicherlich die Union mit der griechischen Kirche durch die Unionsbulle *Laetentur coeli* von 1439. Aber auch die miaphysitischen Kirchen befanden sich im Blickfeld des Konzils. So wurde der Franziskaner Albert von Sarteano in den Orient geschickt, um Kopten und Äthiopier auf das Konzil zu laden. Der Gesandte führte ein päpstliches Schreiben an den „Priester Johannes", also an niemand anderen als Kaiser Zara Yaqob, im Gepäck. In Kairo wurde Albert von Sarteano vom mamlukischen Sultan jedoch an der Weiterreise nach Äthiopien gehindert. Dennoch konnte eine äthiopische Delegation zusammen mit den Abgesandten des koptischen Patriarchen nach Florenz gebracht werden. Es handelte sich um Mönche aus Jerusalem, wo die Äthiopier zu diesem Zeitpunkt schon länger ein eigenes Kloster unterhielten. Geleitet wurde die Delegation von dem Diakon Petros, der ein Schreiben des äthiopischen Abtes von Jerusalem, Nikodemos, an den Papst mit sich führte.

In seiner Rede vor Papst und Konzil führte Petros aus, dass sein Kaiser und sein Volk wohl bereit seien, die Union mit dem römischen Stuhl einzugehen. Ähnliches konnte man in dem Schreiben des Nikodemos lesen, der allerdings betonte, nur für die Jerusalemer Äthiopier sprechen zu können. Die letzte Entscheidung liege beim Kaiser. Es fällt auf, das Nikodemos hier von der Eigenständigkeit seiner Kirche ausgeht und die Entscheidung über die Union nicht einfach dem koptischen Delegaten, Vertreter der Mutterkirche Äthiopiens, überließ. Deswegen findet sich in der Unionsbulle *Cantate Domino* mit den Kopten vom 4. Februar 1442 auch keine explizite Erwähnung der Äthiopier. Gleichwohl setzte Eugen IV. große Hoffnungen in den Kaiser. Ein Brief des franziskanischen Kustos im Heiligen Land, Gandolf, an den Papst berichtet, dass 1444 einige äthiopische Gesandte in Kairo und Jerusalem gewesen seien und erklärt hätten, ihre Kirche habe der Union zugestimmt. Aber diese Nachricht lässt sich aus keiner anderen Quelle erhärten. Jedenfalls war diesem Unionsprojekt bei den Äthiopiern kein Erfolg beschieden, was auch für die anderen Kirchen des Christlichen Ostens gilt, für die Griechen, die Armenier (Unionsbulle *Exsultate Deo*, 1439) und die miaphysitischen Syrer (Unionsbulle *Multa et mirabilia*, 1444). – Wenigstens in der Kunst hat der Unionsversuch von Florenz bleibende Spuren hinterlassen, und zwar an äußerst prominenter Stelle! Auf dem von Filarete kurz nach dem Konzil geschaffenen Bronzeportal für die Petersbasilika ist auf einem Relief die koptisch-äthiopische Delegation gut zu erkennen. Als Hauptportal wurde das Werk in den Neubau von St. Peter übernommen.

Gleichwohl blieb das Bestreben wach, doch noch zur Kircheneinheit zu gelangen. In den Jahren 1481-1490 erschienen drei äthiopische Delegationen in Europa, um über Fragen der kirchlichen Vereinigung zu diskutieren. Sixtus IV. hat für diese äthiopischen Besucher ein eigenes Hospiz in der Nähe der Petersbasilika eingerichtet, aus dem sich das „San Stefano dei Mori" genannte Klösterchen bildete. Die in den vatikanischen Gärten gelegene Kirche besteht übrigens noch heute und wird für den Gottesdienst im äthiopischen Ritus genutzt.

In diesem Kloster hatte der Kölner Propst Johannes Potken Gelegenheit, bei seiner Romreise 1511 äthiopische Mönche kennenzulernen. Dort ließ sich der wissbegierige Geistliche im Altäthiopischen (Geez) unterrichten und fasste den Plan, Texte in dieser im Abendland noch ganz unbekannten Sprache zu publizieren. Dafür ließ er in Rom aus Holz geschnittene Lettern herstellen. Mit ihrer Hilfe vermochte Potken 1513 in Rom die Psalmen zu drucken. Die Lettern nahm er mit nach Köln, wo er einige weitere kurze Texte im Druck herausbrachte. Für die weitere wissenschaftliche Beschäftigung mit dem Äthiopischen haben Potkens Drucke das Fundament gelegt.

3. Selbstbehauptung und Isolation

3.1. Der Überlebenskampf gegen die Muslime und die Begegnung mit den Portugiesen

Einen Kampf auf Leben und Tod hatten Äthiopiens Kirche und Reich im 16. Jahrhundert auszufechten, als der islamische Sultan von Harar Ahmad ibn Ibrahim al-Ghazi, genannt „Gran" („Linkshänder"), das Land ab 1527 mit mehreren Feldzügen heimsuchte. Es war ein grausam geführter „Heiliger Krieg" (*dschihad*), der auf die Vernichtung des Reiches und die Ausrottung des Christentums zielte. Systematisch wurden Kirchen und Klöster zerstört. Die Bevölkerung wurde zur Annahme des Islam gezwungen, um ihr Leben zu retten. In äußerster Not musste sich Kaiser Lebna Dengel (1508-1540) in die Provinz Tigray in den Norden zurückziehen. Dort hoffte er auf Hilfe durch die Portugiesen. Mit dieser Seefahrernation, die den indischen Ozean beherrschte, war Äthiopien schon in der zweiten Hälfte des 15. Jahrhunderts in Kontakt getreten. Einige portugiesische Priester waren nach Äthiopien entsandt worden. Von dem Hofkaplan Francisco Alvarez, der sich 1520-1526 in Äthiopien aufgehalten hatte, erhielten die Europäer einen ersten aussagekräftigen Reisebericht aus dem Land des „Priesters Johannes" (*Ho Preste Joam das indias. Verdadera informaçam das terras do Preste Joam*, Lissabon 1540). Nun erbat der Kaiser moderne Waffen von der christlichen Brudernation. Lebna Dengel hoffte vergeblich auf solche Hilfe. Portugiesische Truppen trafen erst nach seinem Tode ein. Lebna Dengel selbst machte dagegen die Bekanntschaft mit dem zwielichtigen Priester João Bermudes, der sich als Patriarch ausgab, den der Papst für Äthiopien geweiht habe.

Unter Lebna Dengels Nachfolger, Kaiser Galawdewos („Claudius"; 1540-1559) traf endlich ein portugiesisches Truppenkontingent von 400 Mann ein, das von Cristovão da Gama (ca. 1516-1542), einem Sohn des berühmten Seefahrers Vasco da Gama, kommandiert wurde. Cristovão musste 1542 sein Leben auf dem Schlachtfeld lassen. Erst vereinigt mit den Truppen des Kaisers gelang ein Jahr später der endgültige Sieg über Ahmad Gran, nach dessen Tötung sich die übrig gebliebenen Truppen der Muslime rasch zerstreuten.

Nachdem Frieden eingekehrt war, gingen die portugiesischen Geistlichen, an ihrer Spitze Bermudes, sogleich daran, die Pläne einer Kirchenunion wieder aufzunehmen. Galawdewos ist diesem Ansinnen entschieden entgegengetreten. In einem Brief an König João von Portugal beklagte er sich über das arrogante Auftreten von Bermudes. Der König antwortete, von einer Patriarchenweihe des Bermudes nichts zu wissen, meinte die Zeilen des äthiopischen Kaisers aber doch so auffassen zu dürfen, als sei Galawdewos an einer Union mit Rom grundsätzlich interessiert. Dass dem nicht so war, zeigt die Tatsache, dass Galawdewos zeitgleich den koptischen Patriarchen Gabriel VII. bat, rasch einen neuen Abuna zu entsenden. Der Hochstapler Bermudes musste nach der Ankunft des Abuna das Land verlassen.

Galawdewos sah sich danach einer zweiten Welle lateinischer Missionare gegenüber. Sie stammten aus dem neu gegründeten Jesuitenorden und fassten den Anschluss der Äthiopier an Rom planvoller ins Auge. Vor allem der aus Goa gesandte Pater Gonçalo Rodriguez griff Lehre und Brauchtum der äthiopischen Kirche scharf an. Dagegen verfasste der Kaiser höchstpersönlich eine Verteidigungsschrift, die als *Confessio Claudii* bekannt geworden ist. Für die dogmatischen Formeln der koptisch-alexandrinischen Kirche wird darin die apostolische Tradition in Anspruch genommen. Dasselbe gelte für die den Lateinern fremden Bräuche: die Beschneidung, die Heiligung des Sabbats, wie auch der Verzicht auf den Genuss von Schweinefleisch. Zugleich arbeitet der Text die Unterschiede zum Judentum heraus. Im „Judaismus" hatte wohl der Hauptvorwurf der Portugiesen bestanden. Die Seelsorgetätigkeit der Jesuiten hatte sich von nun an auf ihre Landsleute zu beschränken. Auch unter Kaiser Sarsa Dengel (1563-1597) konnten die Unionspläne der Jesuiten keine Fortschritte machen.

3.2. Ein katholisches Zwischenspiel und seine Folgen

Die Lage änderte sich erst durch den Regierungsantritt von Kaiser Susenyos (1607-1632). Die kleine jesuitische Gemeinschaft im Lande lernte er v.a. in der Gestalt des Paters Pedro Paez (1564-1622) kennen. Dieser hatte seit 1603 gründliche Studien des Geez und des Amharischen betrieben und machte auf den jungen Kaiser einen großen Eindruck. Auch das gewissenhafte und fromme Leben der abendländischen Ordensleute scheinen es Susenyos angetan zu haben. Nach ersten Übertritten aus seinem Gefolge und einem schweren Konflikt mit dem Abuna Semon, der 1617 von kaiserlichen Soldaten ermordet wurde, erklärte der Kaiser 1622 offiziell seinen Übertritt zur römischen Kirche. Dabei konnte es sich nicht nur um einen Akt privater religiöser Überzeugung handeln. Nun sollte die ganze Kirche an den römischen Stuhl gebunden werden, und zwar so, dass Gottesdienst und Sitte möglichst vollständig dem lateinischen Brauchtum angeglichen werden sollten. Der Kaiser ging dabei mit eigenem Beispiel voran. Er entließ seine Ehefrauen mit Ausnahme der ersten. Trotz der betonten Christlichkeit des Reiches war die Polygamie noch immer weit verbreitet und Susenyos bildete mit seinen mehreren Frauen unter Äthiopiens Kaisern keineswegs die Ausnahme (woran sich bis ins 19. Jahrhundert nichts ändern sollte). Die Latinisierung betraf den Gottesdienst (bis hin zur teilweisen Einführung des Lateinischen und westlicher liturgischer Gewandung) sowie die Form der Sakramentenspendung. Wir hören davon, dass die Jesuitenpatres den gewöhnlichen Gläubigen sogar das lateinische Paternoster und das Avemaria – in äthiopischer Umschrift! – beibringen wollten.

Auf die Spitze getrieben wurden diese Maßnahmen durch die Entsendung eines römisch-katholischen Patriarchen für die Äthiopier. Es war der Jesuit Alfonso Mendes, der mit dieser Würde versehen 1625 in Äthiopien eintraf. Mendes verschärfte den Kurs von Pater Paez noch. Damit war der Bogen überspannt. Der Ausverkauf der eigenen Traditionen stieß auf den entschlossenen Widerstand weiter Bevölkerungskreise. Es kam zu bürgerkriegsähnlichen Zuständen, die Susenyos zur unrühmlichen Abdankung zwangen. Der Widerstand wurde entscheidend befeuert von der Nonne Walatta Petros (1594-1644), die Klerus und Volk dazu aufrief, „die unreine Religion der Europäer" nicht anzunehmen. Walatta Petros scharte andere Nonnen um sich. Wohl erst mit ihr ist das weibliche Mönchtum in Äthiopien systematisch organisiert worden. – Der Sohn und Nachfolger des Susenyos, Fasiladas (1632-1667), schlug religionspolitisch einen genau entgegengesetzten Kurs ein. Alle Neuerungen wurden rückgängig gemacht, die katholischen Geistlichen des Landes verwiesen und in Alexandrien wieder um die Entsendung eines Abunas gebeten. Vorher Verfolgungen ausgesetzt, wurde Walatta Petros nun in hohen Ehren gehalten. Nach ihrem Tod wurde sie in die Schar der äthiopischen Heiligen eingereiht.

Der gescheiterte Unionsversuch hatte einschneidende Folgen für Äthiopiens Beziehungen zur restlichen Christenheit. Nach dem Fiasko unter Kaiser Susenyos schloss man sich vom Abendland weithin ab. Bis ins 19. Jahrhundert haben nur noch wenige katholische Geistliche, Kapuziner und Franziskaner, Äthiopien besuchen können. In der Regel wurden sie von den Kaisern gastfreundlich aufgenommen, mussten aber sofort die tief sitzenden antikatholischen Ressentiments spüren, wenn sie sich auch nur ansatzweise missionarisch betätigten. Drei Franziskaner sind deswegen 1716 gesteinigt worden.

Aber auch der Lutheraner Peter Heyling (1607/08-1652) konnte sich nicht auf Dauer in Äthiopien halten. Der Lübecker hatte auf eigene Faust unter den Kopten Ägyptens das Evangelium im Sinne des lutherischen Bekenntnisses verkündet. Als Fasiladas vom koptischen Patriarchen einen neuen Abuna erbat, nutzte Heyling die Gelegenheit und begleitete den neuen Bischof 1634 nach Äthiopien. Dort wurde er – als konfessioneller Gegenpart zu den eben vertriebenen Katholiken – willkommen geheißen und konnte 17 Jahre hindurch als Erzieher, Theologe und Mediziner wirken. Freilich konnte Heyling

nicht verbergen, dass er letztlich eine evangelische Reform der Kirche anstreb-
te. So wurde auch er schließlich des Landes verwiesen.

Als Zentrum des Reiches wurde von Fasilidas die Residenz Gondar ausgebaut,
deren stattliche Bauten noch heute zu besichtigen sind. Freilich war es nicht
lange die Residenz eines einheitlichen Reiches. Die Zentralgewalt verfiel im 18.
Jahrhundert zusehends. Lokale Fürsten konnten nahezu unabhängig schalten
und walten. Der Kaiserthron wurde zum Spielball der Lokalfürsten. In der
äthiopischen Geschichtsschreibung wird die Periode ab der Ermordung des
Kaisers Iyoas 1769 als „Zeit der Richter" (zemana mesafint) bezeichnet. Mit
dieser für das äthiopische Selbstbewusstsein typischen Übernahme eines Epo-
chenbegriffs aus dem biblischen Israel soll zum Ausdruck gebracht werden,
dass bis in die Mitte des 19. Jahrhunderts hinein faktisch keine Zentralgewalt
mehr bestand. Diese verworrenen Verhältnisse haben dazu beigetragen, dass
Äthiopien in der frühen Neuzeit vom Abendland meist abgeschnitten war.

3.3. Äthiopien – Rom – Gotha: Die Entstehung der Äthiopistik

Das Ende des katholischen Experimentes in Äthiopien leitete über zum Anfang der modernen Äthiopistik in Europa. Romtreue Geistliche des einheimischen Klerus mussten nach 1632 das Land verlassen. Sie fanden Zuflucht im
portugiesischen Goa und in Rom, wo sie in San Stefano dei Mori unterkom-
men konnten. Wie schon bei dem Kölner Propst Potken war auch jetzt die
äthiopische Niederlassung in der Ewigen Stadt Ausgangspunkt und Voraus-
setzung für die weitergehende wissenschaftliche Beschäftigung mit Sprache
und Kultur des fernen Landes. Diesmal war es ein Protestant, der im Jahr 1649
die Mönche im Schatten des Petersdomes aufsuchte, um sich in ihrer Sprache
unterrichten zu lassen. Hiob Ludolf (1624-1704) stammte aus Erfurt und hatte
während seiner juristischen Studienzeit eine besondere Liebe zu den orientalischen Sprachen gefasst. Die ersten Eindrücke vom Altäthiopischen, die ihm
sein Erfurter Lehrer vermitteln konnte, empfand Ludolf angesichts der wenigen zugänglichen Texte und der kaum vorhandenen Hilfsmittel zu Recht als
ungenügend. In Rom trug er den Mönchen also seinen Wunsch vor, ihre Sprache gründlich zu erlernen. Als die Mönche abwinkten, weil das Erlernen dieser
schweren Sprache nur in Äthiopien selbst möglich sei, insistierte Ludolf mit
der Bemerkung, er verfüge schon über gewisse Kenntnisse. Die Szene, die sich
dann abspielte, hat Ludolf selbst aufgezeichnet: Der Mönch Abba Gorgoryos
legte Ludolf eine Handschrift vor und forderte ihn auf vorzulesen. Was dann
geschah, sah zunächst nach einem Misserfolg aus: Ludolfs Aussprache ließ die
vier Mönche in schallendes Gelächter ausbrechen. Dann heißt es aber weiter:
„… als es aber an das Übersetzen ging, verwandelte sich ihr Lachen in Stau-

nen, und G. musste gestehn, dass er nicht geglaubt habe, jemand könnte diese Sprache, die den Jesuiten in Abessinien so schwer gefallen sei, ohne Lehrmeister lernen." (SMIDT 2006, 48)

Hiob Ludolf konnte sich von Abba Gorgoryos in die Sprache, aber auch in Geschichte, Topographie, Sitten und Gebräuchen Äthiopiens unterrichten lassen. Anfangs musste die Kommunikation in der Kirchensprache Geez geführt werden, weil Gorgoryos noch keine europäische Sprache beherrschte. Nach Ludolfs Abreise unterhielten beide einen regen Briefwechsel. Eine Fortsetzung ihrer Arbeit ermöglichte Herzog Ernst der Fromme von Sachsen-Gotha (1601-1675). Gorgoryos konnte sich im Jahr 1652 am herzoglichen Hof in Gotha aufhalten. Bei dem ersten Empfang auf Schloss Friedenstein am 10. Juni 1652 lobte der Herzog Gottes Vorsehung, dass „mitten unter Heiden und Muhammedanern" eine christliche Kirche erhalten geblieben sei. Gorgoryos gab wiederum seiner Freude Ausdruck, „so hoch im Norden einem christlichen Fürsten von weitgerühmter Frömmigkeit und Weisheit begegnen zu dürfen" (SMIDT 2006, 51). Die Gespräche mit Gorgoryos in Gotha bildeten die Grundlage für die zahlreichen und bahnbrechenden Veröffentlichungen Ludolfs. Seine Grammatiken des Geez und des Amharischen, die Wörterbücher wie auch die Darstellungen zu Geschichte und Theologie der Äthiopier blieben lange Zeit (und sind es teilweise noch heute) unverzichtbare Standardwerke der Wissenschaft. Es ist der Erinnerung wert, dass am Anfang der modernen Äthiopistik auch ein gelehrter Äthiopier stand. Gorgoryos, dem man den strengen deutschen Winter nicht zumuten konnte, ist noch 1652 nach Rom zurückgekehrt. Von dort aus versuchte er mehrmals ohne Erfolg, seine Heimatkirche doch noch für die Union mit Rom zu gewinnen. Bei einem letzten Versuch, nach Äthiopien zu gelangen, ist er 1658 durch einen Schiffbruch vor der Küste Alexandriens ertrunken.

4. Auf dem Weg in die Moderne

4.1. Kaiser Tewodros II. und seine Tragik

Die neuere Geschichte Äthiopiens beginnt mit Kaiser Tewodros II. (1855-1868), der das Reich zu einigen verstand und es energisch in die Moderne zu führen versuchte. Als Sohn einer Mutter, die ihre Herkunft von Haus der Salomoniden herleitete, riss Kasa Haylu, wie er mit Geburtsnamen hieß, die Macht in seiner Heimatprovinz an sich, um dann seine Rivalen unter den übrigen Lokalfürsten niederzuringen. 1855 ließ er sich unter dem Thronnamen Tewodros vom Abuna zum Kaiser krönen und betrieb die Zentralisierung des Reiches.

Jetzt kam es wieder zu intensiveren Kontakten mit dem Westen. Besonders interessiert zeigte sich Tewodros an technischen Innovationen. Manches ist dabei nicht über das Versuchsstadium hinausgekommen, so etwa die Herstellung eigener Feuerwaffen, der Bau von Straßen oder die Einrichtung von Druckereien. In seinen Briefen bat er verschiedene europäische Monarchen um die Entsendung entsprechender Fachkräfte. Besonders intensive Beziehungen knüpfte er mit Großbritannien. Auch versuchte der Kaiser, erstmals ein stehendes Heer zu unterhalten, die Sklaverei abzuschaffen und zu einem geordneten Rechtswesen zu kommen. Tewodros war von religiösem Sendungsbewusstsein erfüllt. Bei der Durchsetzung dessen, was er für Recht und Gerechtigkeit hielt, zeigten sich bei ihm Züge erschreckender Grausamkeit. Über seinen schwer fassbaren Charakter ist viel spekuliert worden. Auf alle Fälle wollte Tewodros seinem Land die Aufnahme in den Kreis der „zivilisierten" Nationen verschaffen. Er lebte in dem festen Bewusstsein, dass diese Nationen christlich seien, ihn, den Beschützer des Glaubens, als ihren Bundesgenossen betrachten müssten und Äthiopien im Kampf gegen die muslimischen Ägypter beistehen würden. Dabei dachte Tewodros vor allem daran, die Muslime vom Küstenstreifen zu vertreiben und einen Zugang zum Roten Meer zu gewinnen.

Die Tragik um diesen Kaiser liegt wohl darin, dass seine politischen Orientierungsmuster noch immer die des Mittelalters und der Frühen Neuzeit waren. Die Ausgangslage in Europa war inzwischen aber eine ganz andere geworden. Für die Mächte des 19. Jahrhunderts spielte es realpolitisch keine wirkliche Rolle mehr, dass Tewodros Kaiser über ein christliches Reich war. Koloniale und strategische Ziele hatten Vorrang. Für Tewodros, dessen Hauptfeind das osmanische Ägypten war, lag es wohl außerhalb seiner Vorstellungswelt, dass die Briten 1862 auf eine pro-osmanische Politik umschwenken konnten. Noch im Oktober 1862 ließ der Kaiser einen Brief an Königin Victoria überbringen, in dem er um Hilfe im Kampf gegen „die Türken" nachsuchte. Sie sollten nicht nur von den Küsten des Roten Meeres und Somalias vertrieben werden, auch Jerusalem sollte von ihrem Regiment befreit werden. Tewodros hat auf dieses Bittschreiben nie eine Antwort erhalten. Als er begreifen musste, dass jegliche Hilfe ausblieb, verdüsterten sich seine letzten Jahre. Der Kaiser verhielt sich gegenüber den Europäern in seinem Land zusehends feindselig und ließ einige Briten sogar ins Gefängnis werfen. Dies war der Anlass für die militärische Expedition unter Sir Robert Napier 1867/68. Das bestens gerüstete Heer konnte den Kaiser in seiner Bergfestung Maqdala umzingeln. Tewodros ließ die Gefangenen frei – noch immer in der trügerischen Hoffnung, mit dem christlichen Großbritannien wieder zu einem Bündnis zu kommen. Napier beharrte jedoch auf einer bedingungslosen Kapitulation und gab den Befehl zur Erstür-

mung der Festung. Noch ehe die britischen Rekruten den Kaiser fassen konnten, hatte sich Tewodros selbst erschossen.

4.2. Kaiser und Abuna – Theologische Streitfragen

Auf dem Hintergrund seiner hochfliegenden Pläne sind auch die religionspolitischen Entscheidungen von Kaiser Tewodros zu verstehen. Für sein Reich
benötigte er eine lebendige und geeinte Kirche. Am Beginn seiner Herrschaft
suchte er den engen Schulterschluss mit dem Abuna und ging gegen theologische Richtungen im Mönchtum vor, die mit der traditionellen koptischen
Glaubenslehre nicht vereinbar erschienen. Die Infragestellung der miaphysitischen Christologie durch die Jesuiten im 16./17. Jahrhundert hatte zur Folge
gehabt, dass im Mönchtum recht eigenständig und eigensinnig neu versucht
wurde, das überlieferte Dogma zu verstehen. Dabei hatten sich unterschiedliche Schulmeinungen herausgebildet, wie die naturhafte Einheit von Göttli-
chem und Menschlichem in Christus zu begreifen sei. Die Mönche aus dem
Klosterverband des Ewostatewos waren zu der Überzeugung gelangt, dass
diese Einheit erst mit der Salbung Christi durch den Heiligen Geist ihren Abschluss gefunden habe (*qebat*, „Unktionismus"). Dem widersprachen die Mönche aus dem Verband des Takla Haymanot. Sie bezogen die Salbung mit dem
Heiligen Geist nicht auf die Personeinheit Christi, sondern auf seine Stellung
als Erstgeborener der Gläubigen, als Priester, König und Prophet. Daher sprach
die Schule von „drei Geburten" (*sost ledat*) Christi: Die ewige Geburt aus dem
Vater, die zeitliche Geburt aus der Jungfrau sowie als dritte Geburt seine Salbung durch den Heiligen Geist (wobei man diesen Geistempfang eher im Moment der Inkarnation angenommen hat und nicht erst bei der Taufe Christi im
Jordan). Diese Schule war unter dem Stichwort *Sägga* bekannt (von amharisch
YäSäga leg̱, „Sohn der Gnade"). Beide Richtungen entsprachen nicht der überlieferten alexandrinisch-kyrillischen Terminologie, die nur zwei Geburten des
Gottessohnes (aus dem Vater und aus der Jungfrau) bekannte. Die Anhänger
dieser traditionellen miaphysitischen Auffassung, in Äthiopien *Karra* genannt,
wurden vom Abuna angeführt.

Andererseits ist Tewodros gegen das herkömmliche Staatskirchentum vorgegangen, wo es seinen Modernisierungsabsichten im Wege stand. So begann er
etwa mit einer großangelegten Enteignung des immensen kirchlichen Landbesitzes. Das Verhältnis zum Abuna erreichte seinen Tiefpunkt, als ihn Tewodros
1864 in Maqdala einkerkern ließ.

4.3. Protestantische Missionen

Protestantische Missionare hatte der Kaiser anfangs ausdrücklich willkommen geheißen. Dabei war er an ihrem zivilisatorischen Know-how interessiert. Zu seinen engsten Beratern zählte der Anglikaner John Bell. Eine eigentliche Missionstätigkeit wurde auf das Volk der Beta Esrael (Falascha) beschränkt, wobei die Neubekehrten der orthodoxen Kirche zugeführt werden sollten. Außerdem durften die protestantischen Missionare amharische Bibeln verbreiten. Erst am Ende seines Lebens hat sich der verbitterte Tewodros, wie schon erwähnt, gegen die Missionare gewandt und einige von ihnen ins Gefängnis werfen lassen.

Die protestantische Mission in Äthiopien ist mit dem Wirken Samuel Gobats (1799-1879) untrennbar verknüpft. Dieser Geistliche aus dem Seminar der Basler Mission wurde von der Londoner „Church Missionary Society" nach Äthiopien entsandt. Er erreichte Addigrat im Jahr 1830. In Tigray fand er eine freundliche Aufnahme und konnte auch in Gondar damit beginnen, amharische Bibeln zu verteilen und mit Priestern und Laien über eine Reform der äthiopischen Kirche zu sprechen. Eine solche Reform war nach seiner Einschätzung dringend nötig. Die orthodoxe Kirche sah er mit den Augen eines erwecklichen Protestanten, der für die theologischen und kultischen Eigenheiten des östlichen Christentums kein Verständnis aufbrachte. So forderte Gobat etwa die Abschaffung der Heiligenverehrung und die Entfernung der Bilder aus den Kirchen. Die theologischen Schuldebatten wirkten auf den Missionar, der von einem schlichten Biblizismus geprägt war, ebenfalls abstoßend. Statt sich in metaphysische Grübeleien zu versenken, sollten die Kirchenmänner an der Hebung christlicher Innerlichkeit und Moral arbeiten. Obwohl Gobat schon 1830 und dann endgültig 1834 das Land verlassen musste, hat er die Äthiopienmission weiter befördert, auch nachdem er 1846 zum Bischof für das unlängst gegründete anglikanisch-preußische Bistum in Jerusalem bestellt worden war.

Durch Gobats Vermittlung wurde die Arbeit 1856 von jungen Missionaren aus der Basler St. Chrischona-Pilgermission wieder aufgenommen. Darunter befand sich der Württemberger Johannes Martin Flad (1831-1915), der das Geschick der Mission wie auch allgemein die Verhältnisse in Äthiopien einer breiteren Öffentlichkeit in mehreren Büchern bekannt machte (z.B.: Zwölf Jahre in Abessinien oder Geschichte des Königs Theodoros II. und der Mission unter seiner Regierung, Basel 1869; 60 Jahre in der Mission unter den Falaschas in Abessinien, Giessen-Basel 1922). Bibelverbreitung und Falascha-Mission waren die Arbeitsfelder. Flad konnte 1856 eine erste Schule für die Beta Esrael in Gondar errichten. Nach der Inhaftierung unter Tewodros und der

Freilassung 1868 haben Flad und seine Frau Pauline das Land verlassen. Von Korntal aus versuchten beide den Fortgang der Mission zu unterstützen. Dazu gehört die Erstellung einer revidierten amharischen Bibelübersetzung, die 1886 erscheinen konnte und weite Verbreitung gefunden hat.

Noch restriktiver als Tewodros II. verhielt sich Kaiser Yohannes IV. (1872-1889) gegen ausländischen Missionsunternehmungen. 1886 wurden alle evangelischen Missionare vertrieben. Die dogmatische Einheit der orthodoxen Kirche wurde auf dem Konzil von Boru Meda 1878 im Sinne der alexandrinischen Orthodoxie endgültig festgeschrieben. Yohannes IV. pflegte einen religiösen Nationalismus nach der Devise „ein Glaube, ein Land". Erst unter Menilek II. (1889-1913) konnte eine protestantische Mission wieder Fuß fassen. Die Schwedische Nationale Gesellschaft trat dabei in den Vordergrund. Ein fruchtbares Betätigungsfeld fanden die Missionare unter dem Volk der Oromo (früher auch „Galla" genannt) im Süden. Dieses kuschitische Volk war seit dem 16. Jahrhundert in Äthiopien eingewandert. Menilek hatte die Mission, die zuvor schon vom Abuna gutgeheißen worden war, noch als Herrscher von Schoa, vor seiner Erhebung zum Kaiser, ab ca. 1870 gefördert.

4.4. Katholische Missionen

Wechselhaft verlief auch die Wiederaufnahme der katholischen Bekehrungsversuche, zu denen es im 19. Jahrhundert gekommen ist. Die römische *Propaganda Fide* betraute 1839 den Lazaristen Giustino De Jacobis (1800-1860) mit dem Amt eines Präfekten der neu geschaffenen Apostolischen Präfektur. De Jacobis und seine Gefährten begegneten der orthodoxen Kirche in einem ganz anderen Geist als ihre katholischen Vorläufer im 16./17. Jahrhundert – und erst recht als die protestantischen Missionare. De Jacobis schätzte das äthiopische Mönchtum hoch und bemühte sich, dessen Lebensweise zu teilen. Er kleidete sich wie die einheimischen Mönche, hielt sich an ihre Fastenvorschriften und unternahm keinerlei Versuche, die lateinische Liturgie einzuführen. So übernahm er für sich den äthiopischen Ritus in der Sprache Geez. Zu seinem Gegenspieler wurde der Abuna Salama III. (1841-1867). Dessen ausgeprägte Abneigung gegen die römische Kirche mag damit zu tun haben, dass er vor seiner Erhebung zum Bischof in der Schule der „Church Missionary Society" in Kairo studiert hatte. Der Abuna zettelte 1845 eine Verfolgung der Katholiken an, obwohl sich bis dahin nur einige wenige Gläubige De Jacobis angeschlossen hatten. Auf dem Marktplatz von Adwa exkommunizierte Salama III. alle, die Kontakte zu den katholischen Geistlichen unterhielten oder ihre Lehren anhörten. 1854 wurde De Jacobis mit einigen Konvertiten inhaftiert. Von mitleidigen Soldaten freigelassen, konnte er sich noch einige Jahre in Verstecken halten, ehe er 1860 erschöpft verstarb.

Die *Propaganda Fide* hat 1846 eine weitere Kirchenprovinz gegründet, zu der der Süden Äthiopiens mit seiner Oromo-Bevölkerung gehörte. Hier wirkte die zweite große Persönlichkeit der katholischen Mission, Guglielmo Massaja (1809-1889). Seine lange Wirksamkeit unter diesem Volk, das Massaja zu lieben lernte, hat der italienische Kapuziner in einem Lebensrückblick bewegend dargestellt (I miei trentacinque anni di missione nell'alta Etiopia. Memorie storiche, 3 Bde., Rom 1885/86). Wie De Jacobis sah Massaja die Notwendigkeit, einen einheimischen Klerus heranzubilden. Für die Sprache der Oromo schuf er ein Alphabet und eine Grammatik. Vor Tewodros musste Massaja einige Jahre nach Europa ausweichen, ehe er nach dessen Tod unter dem lokalen Herrscher und zukünftigen Kaiser Menelik in der Provinz Schoa sein Werk fortsetzen konnte. Menelik hatte für seinen Gau von König Vittorio Emanuele II. 1872 eine italienische Mission erbeten. Kaiser Yohannes IV. gelang es 1878, sich den Herrscher Schoas untertan zu machen. Es folgte die Auflage, die ausländischen Missionare aus Schoa auszuweisen. Damit endete der Äthiopienaufenthalt Massajas, der sich für den Rest seines Lebens in das Kapuzinerkloster oberhalb von Frascati zurückzog. In seiner Zelle erinnert heute ein kleines Museum an das Wirken des Missionars, dem Leo XIII. in Anerkennung seiner Verdienste 1884 die Kardinalswürde verliehen hat.

Trotz mancher Gemeinsamkeiten zeigt die Gegenüberstellung von De Jacobis und Massaja, dass im römischen Katholizismus des 19. Jahrhunderts sehr unterschiedliche Auffassungen bestanden über den Charakter der Weltkirche und den Wert der ostkirchlichen Eigenüberlieferungen. Während De Jacobis die Liturgie der Äthiopier adaptierte, beharrte Massaja darauf, den lateinischen Ritus einzuführen. Nur so konnte er sich wahre Katholizität vorstellen.

4.5. Das Ringen um staatliche und kirchliche Selbständigkeit

Menilek II. hatte die Oberherrschaft von Kaiser Yohannes IV. anerkannt, wurde im Gegenzug dafür aber zum Erben des Thrones bestimmt. Als er 1889 gekrönt wurde, waren die Italiener schon auf dem Vormarsch nach Ostafrika. Dort versuchten sie, als Nachzügler unter den europäischen Mächten zu einer eigenen Kolonie zu kommen. Sie konnten sich 1890 am Küstenstreifen des Roten Meeres festsetzen und ihre erste Kolonie „Eritrea" gründen. Ihre Pläne reichten aber weiter. Italien proklamierte ganz Äthiopien zu seinem „Protektorat". Was folgte, war ein in der afrikanischen Kolonialgeschichte einmaliger Vorgang: Kaiser Menilek konnte den vorrückenden italienischen Truppen in der Schlacht von Adwa 1896 eine schmähliche Niederlage beibringen. Äthiopien vermochte als einziges Land des Kontinents seine Unabhängigkeit zu bewahren. Kaiser Menilek gewann dadurch beträchtlich an Prestige. Wenngleich er die Kontrolle über Teile Eritreas nicht wiederherstellen konnte, dehnte er sein Reich im Süden gewaltig aus. Er eroberte Gebiete, die bis dahin noch nie zu Äthiopien gehört hatten. Die letzten muslimischen Emire mussten aus Harar weichen, nachdem die Ägypter zum Abzug gezwungen waren. Damit waren die Grenzen des heutigen Äthiopien erreicht. In seiner Heimatregion Schoa errichtete Menilek Addis Abeba als Hauptstadt, die etwa in der geographischen Mitte des neuen Reiches lag. Dort residierte nun auch der Metropolit. Abuna Matewos brachte aus Ägypten koptische Lehrer mit und versuchte, ein modernes Schulsystem zu begründen. Auch wenn die Unabhängigkeit Äthiopiens die Richtschnur seines politischen Handelns war, bediente sich Menilek doch auch westlicher Berater, um die Modernisierung seines Landes voranzutreiben.

Diesen Kurs hat Haile Selassie („Kraft der Dreifaltigkeit") beibehalten, der unter Menileks Tochter, Kaiserin Zawditu, als „Ras Tafari" zunächst als Regent wirkte, um nach dem Tod der Kaiserin 1930 selbst den Thron zu besteigen. Er erzielte erhebliche Fortschritte, das Reich in ein modernes Staatswesen umzuwandeln. Dazu gehörten die Einrichtung von Ministerien, die Gewährung einer Verfassung oder auch die Verbesserung des Bildungswesens. Freilich hielt Haile Selassie bei alledem stets an seinem absoluten Herrschaftsanspruch fest. Dem Selbstbewusstsein Äthiopiens, eine auf internationalem Parkett gleichberechtigte Nation zu sein, entsprach die Aufnahme in den Völkerbund 1923.

Zu diesem nationalen Selbstbewusstsein wollte es nicht mehr passen, dass die Staatskirche ihren obersten Geistlichen aus dem Ausland bezog. Unter der Regentschaft Ras Tafaris begannen langwierige Verhandlungen mit dem koptischen Patriarchat um die kirchliche Unabhängigkeit. So hatte sich der äthiopische Regent schon 1924 nach Kairo begeben, um Gespräche mit König Fuad und dem Patriarchen Kyrill V. zu führen. Er stieß auf taube Ohren. Seine Unzufriedenheit mit dem Status quo brachte Ras Tafari zum Ausdruck, als er nach dem Tod des Abuna Matewos 1926 das Amt des Etschäge, das ja von einem einheimischen Mönch bekleidet wurde, deutlich aufwertete. Dem Etschäge wurde nun die Verwaltung der kirchlichen Finanzen übertragen. Patriarch Kyrill verweigerte daraufhin die Nominierung eines neuen Abuna. Dazu fand sich erst der nächste koptische Patriarch, Johannes XIX. (1928-1942), bereit. Dem nach Äthiopien entsandten Abuna wurde das Recht zur selbständigen Weihe von Bischöfen untersagt. Immerhin kam man den Wünschen des Kaisers soweit entgegen, dass 1929 in Kairo erstmals äthiopischen Mönchen die Bischofsweihe gespendet wurde.

Inzwischen hatte Italien seine Kolonialpolitik unter faschistischem Vorzeichen wieder aufgenommen. Mussolini führte 1935/36 einen Eroberungskrieg gegen Äthiopien, den man als militärgeschichtlichen Wendepunkt bezeichnen kann. Der I. Weltkrieg war noch ein „altmodischer", freilich schrecklicher, Kampf von Soldaten gegen Soldaten gewesen. Von wenigen Ausnahmen abgesehen, waren unmittelbare Angriffe auf die Zivilbevölkerung nicht beabsichtigt und kamen auch kaum vor. Auf dem Weg zum II. Weltkrieg, in dem sich dies ganz anders verhalten sollte, erscheint die italienische Eroberung Äthiopiens als der erste Krieg, in dem man die Zivilbevölkerung massenhaft und systematisch in die Kampfhandlungen einbezog. Ihren Ausdruck fand diese neue Form der Kriegsführung im brutalen Angriff ziviler Ziele durch die Luftwaffe und im flächendeckenden Einsatz von Giftgas. Bei der Annexion und unter dem bis 1941 währenden Besatzungsregime sind – je nach Schätzung – zwischen 350.000 und 760.000 Äthiopier zu Tode gekommen.

Der Kaiser musste aus dem Land fliehen. Als Vizekönig setzte Mussolini, der am 9. Mai 1936 die Restauration des „Impero" ausgerufen hatte, Rudolfo Graziani (1882-1955) ein, der schon in Libyen gegen die Guerilla gnadenlos vorgegangen war. Seine Herrschaft in Äthiopien geriet zum Schreckensregime. Wahlloser Terror sollte die Bevölkerung einschüchtern, willkürliche Kollektivstrafen jeden Widerstand im Keim ersticken. Die Opposition fand sich auch in den Reihen der orthodoxen Kirche. Petros, der Bischof von Wollo, wurde wegen anti-italienischer Aufrufe am 30. Juli 1936 auf dem Marktplatz von Addis Abeba öffentlich hingerichtet. Dasselbe Schicksal ereilte wenige Monate später Bischof Mikael, der die Exkommunikation über all jene verhängt hatte, die mit den Besatzern kollaborierten. Im Mai 1937 statuierte Graziani ein Exempel, das besonders abschreckend wirken sollte: Er ließ im altehrwürdigen Kloster Dabra Damo Mönche, Priester, Diakone, Seminaristen und einfache Pilger zusammentreiben und niedermetzeln. Neuere Forschungen gehen dabei von etwa 2.100 Opfern aus.

Die römisch-katholische Hierarchie hat zu diesen Verbrechen geschwiegen. Der mutige Widerstand des Apostolischen Vikars von Harar, André de Jarosseau OFMCap, der 1938 das Land verlassen musste, blieb eine Ausnahme. Unter den italienischen Feldgeistlichen befanden sich glühende Anhänger des Faschismus, wie der besonders fanatische Kriegsbefürworter Reginaldo Giuliani (1887-1936). Nachdem er bei Kampfhandlungen gefallen war, wurde er vom faschistischen Regime zum Helden und Märtyrer stilisiert. Die katholische Kirche wurde von den italienischen Machthabern, wie zuvor schon in Eritrea, bevorzugt behandelt. Die Religionspolitik der Besatzungsmacht verfolgte ferner das Ziel, die orthodoxe Kirche aus ihrer Verbindung mit Ägypten zu lösen. Der rechtmäßige Abuna, der Kopte Qerellos, war nach Kairo geflohen. Graziani nutzte die Abwesenheit des Qerellos und beförderte 1937 Bischof Abraham von Goğğam zum Abuna, der nach seinem Tod 1939 durch den Mönch Yohannes ersetzt wurde. Die koptische Synode erklärte diese Vorgänge für illegitim; Abraham und Yohannes wurden exkommuniziert.

Britische und äthiopische Truppen konnten die italienischen Okkupatoren 1941 vertreiben. Kaiser Haile Selassie kehrte aus dem Exil zurück. Umgehend nahm er die Bemühungen um die kirchliche Selbständigkeit wieder auf. Von der koptischen Kirche verlangte er nachdrücklich die Einsetzung eines Äthiopiers als Abuna nach dem Tod des Qerellos. Dieser Abuna sollte auch das Recht zur Bischofsweihe erhalten; ferner sollte eine äthiopische Bischofssynode geschaffen werden. Die angeheizte Stimmung im Äthiopien jener Jahre, das nach der Vertreibung der Besatzer von einer Welle nationaler Begeisterung erfasst worden war, zeigte sich u.a. in feindseligen Pressekampagnen gegen Qerellos, den man noch mehr als bisher als Ausländer betrachtete und der sich in der Kirche, deren Vorsteher er doch eigentlich war, zunehmend isoliert sah. Nach seinem Tod 1950 ging Patriarch Yusab auf Haile Selassies Wünsche ein und weihte den Bischof Baselyos, der auch die Würde des Etschäge bekleidete und ein enger Vertrauter des Kaisers war, zum ersten aus dem äthiopischen Klerus stammenden Abuna. Die Einsetzung in das Amt nahm freilich nach wie vor der koptische Patriarch vor. Der Weg zur vollständigen kirchlichen Unabhängigkeit (Autokephalie) ließ sich dann nicht mehr aufhalten. 1959 erklärte sich die koptische Kirche damit einverstanden, dass die Äthiopier einen eigenen Patriarchen zum Kirchenoberhaupt erhielten, dem auch das Recht zustand, Bischöfe für Einsatzgebiete außerhalb Äthiopiens zu weihen. Kyrill VI. von Alexandrien setzte den bisherigen Abuna Baselyos als Patriarchen ein. So war eine unabhängige Staatskirche in einem unabhängigen Reich entstanden.

4.6. Tradition und Wandel seit Erlangung der Autokephalie

Die Kirche war frei geworden vom alexandrinischen Stuhl, nicht aber vom kaiserlichen Thron. Die Verfassung von 1955 sah keine Trennung von Staat und Kirche vor (Art. 126f.). Die orthodoxe Kirche galt als „the established Church supported by the state", während der Kaiser die Rolle eines „Verteidigers des Glaubens" wahrnahm. So wurde die Verwaltung der Kirche durch staatliche Gesetze geregelt. Die Einheit von Kirche und Reich kam auch darin zum Ausdruck, dass man die Zahl der Diözesen erhöhte und sie den staatlichen Provinzgrenzen anglich. Trotz der Zentralisierung der Verwaltung sind aber viele Kirchen und Klöster faktisch semi-autonom geblieben. Den Bildungsstand des Klerus suchte der Kaiser mit der Gründung der Theologischen Hochschule „Holy Trinity" in Addis Abeba 1944 zu heben. Das Institut wurde 1962 der Universität als Theologische Fakultät angegliedert. Nicht zuletzt durch die Initiative des Kaisers wurde die lange währende Isolation der Kirche durchbrochen. Die Teilnahme an der Weltökumene, der All Africa Conference of Churches (AACC) sowie die Einberufung einer Konferenz aller orientalisch-orthodoxen Kirchen in Addis Abeba 1965 haben dazu beigetragen (siehe dazu Abschnitt 5).

Trotz der Privilegierung der orthodoxen Kirche konnte sich auch evangelisches Gemeindeleben entfalten, wobei die orthodoxen Stammlande von jeder Missionstätigkeit zunächst möglichst frei gehalten werden sollten. Unter den evangelischen Kirchen sei besonders die Mekane-Yesus-Kirche erwähnt, die aus einem Zusammenschluss von Gemeinden hauptsächlich lutherischen Bekenntnisses 1959 hervorgegangen ist und heute mehrere Millionen Mitglieder umfasst. Obwohl es nach den Erfahrungen in der Besatzungszeit manche Vorbehalte gegen die katholische Kirche gab, konnte auch sie in Äthiopien dauerhafte Strukturen ausbilden. Ein 1951 in Addis Abeba eingerichtetes Exarchat im äthiopischen Ritus wurde 1961 zur Metropolie erhoben. Zu ihr gehören Suffragane in Äthiopien und Eritrea. In dieser Äthiopisch-Katholischen Kirche werden zwei Riten praktiziert: im Norden ein an die Orthodoxie weitgehend angeglichener Ritus; im Süden hingegen (wo es keine alte orthodoxe Präsenz gibt) der lateinische Ritus (was seit dem II. Vaticanum nicht mehr bedeutet, dass in lateinischer Sprache zelebriert wird). Da das Apostolische Vikariat für den lateinischen Ritus abgeschafft wurde, unterstehen also auch die Gläubigen des lateinischen Ritus einer östlich-unierten Jurisdiktion. Bei diesem Zustand dürfte es sich um ein Unicum in der Weltkirche handeln. Die Äthiopisch-Katholische Kirche zählt heute insgesamt etwas über 200.000 Mitglieder.

Im Laufe der langen Regierungszeit Haile Selassies zeigte sich, dass sein Staatswesen den drängenden wirtschaftlichen und sozialen Herausforderungen nicht gewachsen war. Schweren Hungerkatastrophen wusste man in Addis Abeba nichts entgegenzusetzen. Der Verwaltungsapparat (auch der kirchliche) war wenig effektiv. Ferner musste sich das Staatskirchensystem als anachronistisches Gebilde ausnehmen in einem Land, das seit Menileks Eroberungszügen mehr denn je von ethnischer und religiöser Vielfalt geprägt war. Die Zahl der Bürger mit Oromo als Muttersprache hatte die Amharen überflügelt. Die Muslime machten einen erheblichen Teil der Bevölkerung aus. Dem entsprachen weder die Privilegierung der orthodoxen Kirche noch die durchgehende Vorrangstellung der Amharen.

Der Kaiser wurde 1974 gestürzt, wobei der niedere Klerus, enttäuscht von einer versteinerten und kaisernahen Kirchenleitung, sich auffällig indifferent verhielt und sich teilweise an Demonstrationen gegen den Patriarchen Tewoflos beteiligte. Die Macht ging schnell über an Mengistu und sein marxistisches Revolutionskomitee („Derg"). Die kirchlichen Verhältnisse waren von der kommunistischen Machtergreifung unmittelbar betroffen. 1975 wurde das Staatskirchentum abgeschafft. Damit einher ging die Enteignung ihres Landbesitzes, ihrer wichtigsten ökonomischen Grundlage. 1976 wurde Patriarch Tewoflos von den Machthabern für abgesetzt erklärt und ins Gefängnis geworfen. Im Jahr 1979 wurde er zusammen mit hohen kaiserlichen Beamten hingerichtet. Auf Druck des Regimes wurde ein bis dahin unauffälliger Geistlicher zum Patriarchen gewählt (Takla Haymanot, † 1988), der sich den Machthabern gegenüber willfährig zeigte und in seinen öffentlichen Stellungnahmen absolute Loyalität bewies. Das gilt auch für seinen Nachfolger, Patriarch Märqoräwos, der vorher Bischof von Ogaden war. Man kann sagen, dass der Derg die orthodoxe Kirche wohl schwächen, aber nicht wirklich abschaffen wollte. Vielmehr wollte man die Kirche für sich in Dienst nehmen. Die Umbrüche in der Sowjetunion und in ihren Satellitenstaaten um 1990 wirkten sich auch auf Äthiopien aus. Seiner Unterstützung aus Moskau beraubt, wurde das kommunistische Regime, das sich im Kampf gegen Hunger und Rückständigkeit mindestens ebenso unfähig gezeigt hatte wie zuvor die kaiserliche Administration, 1991 durch Rebellentruppen aus Tigray hinweggefegt. Mit den marxistischen Potentaten musste auch der mit dem alten System eng verstrickte Märqoräwos das Land verlassen. Die Synode bestellte den bis heute regierenden Pawlos zum neuen Patriarchen.

In Pawlos hatte man den geeigneten Kandidaten gefunden, um die Verstrickung mit der kommunistischen Diktatur wenigstens in der Gestalt des Kirchenoberhauptes demonstrativ hinter sich zu lassen. Pawlos hatte nicht nur in Addis Abeba, sondern 1967-1973 auch in Princeton studiert, war 1975 noch von Patriarch Tewoflos zum Bischof geweiht worden, ehe ihn der Derg 1976-1982 in Haft hielt. Danach floh Pawlos in die USA, wo er als Dekan eines Seminars wirkte und in Princeton einen theologischen Doktorgrad erwerben konnte. – Märqoräwos, der sich noch immer als rechtmäßiger Amtsinhaber betrachtete, gründete im Exil in den USA eine eigene Synode, zu der sich eine nicht geringe Zahl von Gläubigen im westlichen Ausland hält.

Die folgenden Jahre erlebte Äthiopien die schwierige Ablösung von Eritrea, das 1993 seine staatliche Selbständigkeit erreichte. Nach der Annexion Äthiopiens hatten die Italiener ihre Kolonie Eritrea mit Äthiopien vereint. Nach 1941 unterstellten die Briten Eritrea ihrer Militärverwaltung; 1947 wurde es britisches Mandatsgebiet. Im Jahr 1952 wurde das Gebiet als autonome Provinz Äthiopien angeschlossen. Haile Selassie gedachte keineswegs, diesen autonomen Status zu respektieren. Eritreas Selbständigkeit wurde systematisch unterhöhlt, bis es mit der Auflösung seines Parlamentes ganz in das äthiopische Staatswesen eingegliedert wurde. Wie sich zeigte, hatte sich in Eritrea eine starke eigenständige Identität entwickelt, die u.a. dadurch befördert wurde, dass sich die stärkste Ethnie, die Tigray (etwa 50% der Bevölkerung), von den damals in Äthiopien tonangebenden Amharen sprachlich und kulturell unterscheidet. An diesem Bewusstsein hat auch die Tatsache nichts geändert, dass die Tigray mehrheitlich ebenfalls zur orthodoxen Kirche gehören. Nach 1961 kämpften eritreische Separatisten für die Unabhängigkeit. In den letzten Jahren des Derg-Regimes haben die Spannungen bürgerkriegsähnliche Ausmaße angenommen. Auch die kommunistischen Machthaber waren keineswegs bereit, Eritrea in die Unabhängigkeit zu entlassen. Die orthodoxe Kirchenleitung hat die Staatsführung darin propagandistisch unterstützt. So war es den Eritreern erst nach 1991 möglich, zu ihrem eigenen Staat zu kommen.

Der staatlichen Unabhängigkeit von 1993 sollte die kirchliche folgen. Bezeichnenderweise hat sich der orthodoxe Klerus Eritreas mit dieser Bitte an den *koptischen* Patriarchen gewandt. Papst Schenuda III. entsprach diesem Ansinnen, weihte fünf Bischöfe für Eritrea und setzte 1998 den Bischof von Asmara, Abba Fileppos, zum Patriarchen ein. Das koptische Kirchenoberhaupt machte damit deutlich, dass es immer noch einen letzten Leitungsanspruch auf das „Verkündigungsgebiet des Heiligen Markus", damit auch auf Äthiopien und Eritrea, für sich beansprucht (der Evangelist Markus gilt als erster Bischof Alexandriens). Eritreas Kirche war in die Selbständigkeit entlassen. Auf den greisen Fileppos folgten die Patriarchen Yaqob (2002) Antonyos (2004) und Dioskoros (2007). Diese Vorgänge führten zu Spannungen mit und innerhalb der äthiopischen Kirche. Patriarch Pawlos, der zur Weihe des Fileppos letztlich seine Zustimmung gegeben hatte, wurde von seinen innerkirchlichen Gegnern des Verrats am äthiopischen Erbe bezichtigt. Zwischen den beiden autokephalen Kirchen Äthiopiens und Eritreas bestehen in der Glaubenslehre und im Kult keine Unterschiede.

In der heutigen föderalen Republik Äthiopien besteht keine Staatskirche mehr. Der enteignete Besitz wurde der Kirche zurückgegeben, allerdings mit der gewichtigen Ausnahme von Ländereien. Die Kirche musste sich in einem nicht immer einfachen Prozess in die neuen und für sie ungewohnten Verhältnisse hineinfinden. Laut der Volkszählung von 2007 gehören zu ihr 43,5% der Bevölkerung, das sind etwa 32 Mio Personen. Es folgen die Muslime mit 33,9%; die protestantischen Denominationen können 18,6% auf sich vereinigen (Summary and Statistical Report of the 2007 Population and Housing Census. Population Size by Age and Sex, ed. by the Federal Democratic Republic of Ethiopia / Population Census Commission, Addis Ababa 2008, S. 17f.). In der Diaspora finden sich äthiopisch-orthodoxe Bistümer im Sudan, in Jerusalem, Nordamerika, Europa und Australien. Ferner leben Gläubige in der Karibik, wo sich Nachfahren der aus Afrika eingeführten Sklaven im 20. Jahrhundert der äthiopischen Orthodoxie angeschlossen haben. Dahinter stand der Wunsch nach einer genuin schwarzafrikanischen kirchlichen Beheimatung. Für sie ist der Bischofssitz Trinidad eingerichtet worden. Daneben gibt es noch eine Reihe weiterer „äthiopischer" Gemeinden, die in keiner kanonischen Beziehung zur orthodoxen Kirche stehen. Insgesamt ist dieses äthiopisierende Christentum auf einem breiteren Hintergrund zu verstehen, für den man die Bezeichnung „Äthiopismus" verwendet. Im südlichen Afrika und dann auch in der Karibik übte Äthiopien als einziges Land, das den Kolonialherren die Stirn geboten hatte, wie auch als Heimat einer autochthonen Kirche, die sich nicht der kolonialen Mission verdankt, eine gewaltige Anziehungskraft aus. Ohne jede Verbindung zur Äthiopisch-Orthodoxen Kirche kam es zu Gemeindegründungen, die sich im Protest gegen das westliche Christentum „äthiopisch", manchmal auch „äthiopisch-orthodox" nannten. Oft kannte man von Äthiopien und seiner Kirche kaum mehr als den Namen und pflegt ganz eigene Gottesdienst- und Frömmigkeitsformen. In der Karibik wird Kaiser Haile Selassie von einer bestimmten Gruppierung geradezu als göttliche Heilsgestalt verehrt. Die Bezeichnung dieser „Rastafari"-Bewegung leitet sich ab vom Regententitel „Ras Tafari", den Haile Selassie vor seiner Kaiserkrönung führte. Es muss nicht eigens betont werden, dass man sich hier von der Äthiopisch-Orthodoxen Kirche meilenweit entfernt hat.

5. Die Äthiopisch-Orthodoxe Kirche in der Ökumene

Auf ihrem Weg durch die Geschichte hatte die Äthiopisch-Orthodoxe Kirche trotz mancher Phasen der Abgeschlossenheit immer wieder Kontakt zu anderen Teilen der Christenheit. Dabei blieb den Äthiopiern die Erfahrung nicht erspart, dass manche katholische und evangelische Missionare sie von der überlieferten Glaubenslehre und -praxis abbringen wollten. So waren die äthiopischen Theologen mehr als einmal gezwungen, ihre eigene Tradition argumentativ zu durchdringen und zu verteidigen. Unter dem Eindruck der Ökumenischen Bewegung des 20. Jahrhunderts ist es dann zu anderen Formen

zwischenkirchlicher Begegnung gekommen, an denen die äthiopische Orthodoxie selbstbewusst und aufgeschlossen teilgenommen hat. Es entsprach ihrer
geschichtlichen Prägung, dass die Kirche besonders durch die Initiative des
Kaisers in die Ökumene hineingeführt worden ist. Die Äthiopische-Orthodoxe
Kirche ist Mitglied im Ökumenischen Rat der Kirchen seit seiner Gründung
1948 in Amsterdam. Der gegenwärtige Patriarch Pawlos ist seit 2006 Mitglied
im Präsidium des Weltkirchenrates. Auch auf lokaler Ebene ist die Kirche in
ökumenischen Gremien vertreten, so auch in der „Arbeitsgemeinschaft
christlicher Kirchen" in Deutschland. Seit 1963 ist die Kirche Mitglied in der
„All Africa Conference of Churches (AACC).

Haile Selassie hat auch eine engere Verbindung der orientalisch-orthodoxen
Kirchen untereinander befördert. Theologen aus der armenischen Kirche und
aus dem Kreis der miaphysitischen Thomaschristen Südindiens lehrten immer
wieder am Theologischen Institut in Addis Abeba. Von einem bedeutenden indischen Theologen, Paul Varghese, wurde dem Kaiser vorgeschlagen, die Oberhäupter aller orientalisch-orthodoxen Kirchen zu einem gemeinsamen Treffen
zusammenzurufen. Diese wahrhaft historische Versammlung von Kirchen, die
zwar um ihre Einheit im Glauben wussten, aber nie übergreifende Strukturen
ausgebildet hatten, fand 1965 in Addis Abeba statt.

Das Treffen von 1965 befasste sich u. a. damit, dass Bewegung gekommen war
in die starren Fronten zwischen chalcedonensischen und nicht-chalcedonensi-
schen Kirchen. Hatte man sich über Jahrhunderte hinweg in der Definition der
Person Christi getrennt gesehen, so waren unter dem Eindruck einer historischen Dogmenhermeneutik erste Überlegungen aufgekommen, wonach der
sachliche Unterschied zwischen den Formeln der „einen Natur" und der „zwei
Naturen" Christi nicht so schwerwiegend sei, wie man bisher vermutet hatte.
Schon 1888 hatte sich der bedeutendste russisch-orthodoxe Kirchenhistoriker
seiner Zeit, Vasilij V. Bolotov, in diesem Sinne geäußert. Über die „Russische
Geistliche Mission" in Jerusalem ist es seit dem Ende des 19. Jahrhunderts zu
einem Austausch zwischen russischer und äthiopischer Kirche gekommen, der
von gegenseitiger Herzlichkeit geprägt war. Bei dem Besuch eines äthiopischen
Bischofs in Moskau 1959 wurden die bestehenden Lehrunterschiede bereits als
„rein traditionell-terminologische" bezeichnet (HEYER 1971, S. 287). Im Jahr
1961 nahmen äthiopische Beobachter an der 1. Pan-orthodoxen Konferenz in
Rhodos teil. Es folgten inoffizielle Konsultationen zwischen den beiden Kir-
chenfamilien, an denen alle orientalisch-orthodoxen Kirchen teilgenommen
haben (Aarhus 1964, Bristol 1967, Genf 1970, Addis Abeba 1971). Ein offizieller Dialog begann mit der Vollversammlung in Chambésy 1985. In diesem
Dialog konnte man sich zubilligen, dass beide christologische Terminologien

rechtgläubig interpretierbar seien und das Geheimnis der Person Christi zum Ausdruck bringen könnten. Nach jahrhundertelangen gegenseitigen Verketzerungen war damit ein erstaunlicher Durchbruch erzielt.

Analog dazu haben die orientalisch-orthodoxen Kirchen auch mit der Römisch-Katholischen Kirche zunächst einen inoffiziellen Dialog in Sachen Christologie geführt, um den sich die Wiener Stiftung PRO ORIENTE verdient gemacht hat. Mit der „Wiener christologischen Formel" von 1971 wurde die Richtung für einen offiziell formulierten Konsens vorgegeben. Unter Vermeidung einer Aussage über die Zahl der Naturen in Christus wurde der gemeinsame Christusglaube so formuliert (und dem Anliegen der Nichtchalcedonenser, die gott-menschliche Einheit des Erlösers auf alle Fälle zu wahren, deutlich Rechnung getragen): „Wir glauben, dass unser Gott und Erlöser, Jesus Christus, Gottes Fleisch gewordener Sohn ist; vollkommen in seiner Gottheit und vollkommen in seiner Menschheit. Seine Gottheit war von seiner Menschheit nicht einen Augenblick getrennt. Seine Menschheit ist eins mit seiner Gottheit, ohne Vermischung, ohne Vermengung, ohne Teilung, ohne Trennung." (WINKLER 2010, S. 104). Während und nach der inoffiziellen Dialogphase (fünf PRO ORIENTE-Konsultationen 1971-1988) hat Rom dann mit einzelnen orientalisch-orthodoxen Kirchen gemeinsame Erklärungen erarbeitet, in denen die unterschiedlichen christologischen Formulierungen als nicht mehr kirchentrennend bezeichnet wurden. Aufgrund der komplizierten Lage unter dem Mengistu-Regime (1974-1991) musste ein solcher Austausch mit der äthiopischen Kirche unterbleiben. Bei dem Besuch von Patriarch Pawlos in Rom 1993 hat Papst Johannes Paul II. allerdings die Einheit beider Kirchen im Glauben betont und zu stärkerer Zusammenarbeit in der kirchlichen Praxis aufgerufen. Ein thematisch umfassender, über christologische Fragen hinausgehender offizieller Dialog zwischen Rom und den orientalisch-orthodoxen Kirchen konnte 2004 ins Leben gerufen werden. Der Dialog, an dem die Äthiopisch-Orthodoxe Kirche selbstverständlich beteiligt ist, dauert noch an.

So ist die Äthiopisch-Orthodoxe Kirche im offiziellen ökumenischen Dialog fest verankert. Es sollte ein Anliegen echter ökumenischer Gesinnung sein, das Wertvolle und Bereichernde in den Schätzen theologischer, gottesdienstlicher, künstlerischer und spiritueller Überlieferung der Äthiopisch-Orthodoxen Kirche zu entdecken. – Vielleicht bestätigt unser historischer Streifzug, was der Leipziger lutherische Gelehrte Matthäus Dresser (1536-1607) in seiner *Oratio de statu ecclesiae et religionis in Aethiopia* (Leipzig 1584, S. 12) von der Äthiopisch-Orthodoxe Kirche behauptet hat. Sie sei in höchstem Maße würdig, von uns (besser) gekannt zu werden:

cognitione nostra dignissime est habenda.

Literatur:

Stéphane ANCEL/Éloi FICQUEL, L'Église orthodoxe tewahedo d'Éthiopie et ses enjeux con-
temporains, in: Gérard PRUNIER (Hrsg.), L'Éthiopie contemporaine, Paris 2007, 185-204.

David APPLEYARD, Ethiopian Christianity, in: Ken PARRY (Hrsg.), The Blackwell Companion
to Eastern Christianity, Oxford 2007, 117-136.

Giuseppe BARBIERI/Mario DI Salvio/Gianfranco FIACCADORI (Hg.), Nigra sum sed formosa.
Sacro e bellezza dell'Etiopia cristiana, Vicenza 2009.

Paolo BORRUSO, L'ultimo impero cristiano. Politica e religione nell'Etiopia contemporanea
(1916-1974). Prefazione di Richard Pankhurst (Contemporanea 2), Mailand 2002.

Paolo BORRUSO (Hrsg.), Etiopia. Un Cristianesimo Africano. Introduzione di Andrea
RICCARDI, Mailand 2011.

Heinzgerd BRAKMANN, To para tois barbarois ergon theion. Die Einwurzelung der Kirche
im spätantiken Reich von Aksum, Bonn 1994.

Christine CHAILLOT, The Ethiopian Orthodox Tewahedo Church Tradition, Paris 2002.

Enrico CERULLI, Etiopi in Palestina. Storia della comunità etiopica di Gerusalemme I+II
(Collezione scientifica e documentaria a cura del Ministero dell'Africa Italiana 12+14),
Rom 1943, 1947.

Enrico CERULLI, La letteratura etiopica. L'oriente cristiano nell'unità delle sue tradizioni,
Mailand ³1968.

Donald CRUMMEY, Church and Nation. The Ethiopian Orthodox „Täwahedo" Chruch (from
the Thirteenth to the Twentieth Century), in: Michael ANGOLD (Hrsg.), Eastern
Christianity (The Cambridge History of Christianity 5), Cambridge 2006, 457–487.

Marie-Laure DERAT, La domaine des rois éthiopiens (1270-1527). Espace, pouvoir et mona-
chisme (Publications de la Sorbonne. Histoire ancienne et médiévale 72), Paris 2003.

Alberto ELLI, Breve storia delle chiese cattoliche orientali in Medio Oriente (Collana Ekkle-
sia 1), Mailand 2010, 117-159 („La chiesa cattolica etiopica").

Encyclopaedia Aethiopica, hrsg. von S. UHLIG, Bd. 1ff., Wiesbaden 2003ff.

Gianfranco FIACCADORI, Teofilo Indiano (Biblioteca di „Felix Ravenna" 7), Ravenna 1992.

Wolfgang HAGE, Das orientalische Christentum (Die Religionen der Menschheit 29,2),
Stuttgart 2007, 200–222 („Die Äthiopisch-Orthodoxe Kirche"); 222–226 („Die Eritreisch-Orthodoxe Kirche").

Ernst HAMMERSCHMIDT, Äthiopien. Christliches Reich zwischen Gestern und Morgen,
Wiesbaden 1967.

Friedrich HEYER, Die Kirche Äthiopiens. Eine Bestandsaufnahme, Berlin-New York 1971.

Erhard KAMPHAUSEN, „Äthiopische Bewegung (Äthiopismus)", in: Die Religion in Geschichte und Gegenwart (4. Aufl.), Bd. 1 (1998), 897-899.

Steven KAPLAN, The Monastic Holy Man and the Christianization of Early Solomonic
Ethiopia (Studien zur Kulturkunde 73), Wiesbaden 1984.

Steven KAPLAN, The Beta Israel (Falasha) in Ethiopia. From earliest times to the twentieth
century, New York- London 1992.

Aram MATTEOLI, Der Abessinienkrieg in internationaler Perspektive, in: Gerald STEINA-CHER (Hrsg.), Zwischen Duce und Negus. Südtirol und der Abessinienkrieg 1935-1941 (Veröffentlichungen des Südtiroler Landesarchivs 22), Bozen 2006, 257-268.

Stuart MUNROY-HAY, Ethiopia and Alexandria. The Metropolitan Episcopacy of Ethiopia, 2 Bde. (Bibliotheca nubica et aethiopica 5+9), Warschau-Wiesbaden 1997, 2005.

Stuart MUNRO-HAY, Ethiopia, The Unknown Land. A Cultural and Historical Guide, London-New York 2003.

Stuart MUNRO-HAY, The Quest for the Ark of the Covenant. The True History of the Tablets of Moses, London-New York 2006.

David NORTHRUP, Ethiopia's Openings to the West, 1306-1974, in: Frederic A. SHARF (Hrsg.), Abyssinia 1867-1868: Artists on Campaign. Watercolors and Drawings from the British Expedition under Sir Robert Napier, Hollywood CA 2003, 16-21.

Hervé PENNEC, Des Jésuites au royaume du Prêtre Jean (Éthiopie). Stratégies, rencontres et tentatives d'implantation (1495-1633), Paris 2003.

Joachim PERSOON, Between Ancient Aksum and Revolutionary Moscow. The Ethiopian Church in the 20th Century, in: Anthony O'MAHONY (Hrsg.), Eastern Christianity. Studies in Modern History, Religion and Politics, London 2004, 160–214.

Joachim PERSOON, The Spiritual Legacy of the Ethio-Eritrean Conflict, in: Journal of Eastern Christian Studies 57 (2005) 291–315.

Karl PINGGÉRA, Die Äthiopisch-Orthodoxe Kirche und die Eritreisch-Orthodoxe Kirche, in: Christian LANGE/Karl PINGGÉRA (Hg.), Die altorientalischen Kirchen. Glaube und Geschichte, Darmstadt 2010, 41–50.

Osvaldo RANIERI, La spiritualità etiopica, Rom 1996.

Walter RAUNIG (Hrsg.), Das christliche Äthiopien. Geschichte – Architektur – Kunst, Regensburg 2005.

Wolbert SMID, Deutsche Briefe von Äthiopiern 1855-1869 aus dem Umkreis der protestantischen Mission zur Regierungszeit von Tewodros II., in: Denis NOSNITSIN u.a. (Hg.), Varia Aethiopica. In Memory of Sevir Chernetsov (1943-2005) = Scrinium. Revue de patrologie, d'hagiographie critique et d'histoire ecclésiastique 1 (2005) 287-316.

Wolbert SMIDT, Abba Gorgoryos – ein integrer und ernsthafter Mann. Der Besuch eines äthiopischen Gelehrten in Thüringen 1652, in: Kerstin VOLKER-SAAD/Anna GREVE (Hg.), Äthiopien und Deutschland. Sehnsucht nach der Ferne, München-Berlin 2006, 48–58.

Wolbert SMID, Deutsche Briefe von Äthiopiern aus der Protestantischen Mission. Vom Fall des Téwodros bis zur Unterwerfung des Königs Minílik (1869 bis 1878), in: Orientalia Parthenopea 8 (2008) 9-56.

Wolbert SMIDT, Deutsche Briefe von Äthiopiern aus der Protestantischen Mission. Von der Reichseinigung unter Yohannis IV. bis zur großen Hungersnot (1879 bis 1889), in: Orientalia Parthenopea 9 (2009) 9-52.

Kirsten STOFFREGEN-PEDERSEN, Les Éthiopiens (Fils d'Abraham), Turnhout 1990.

Kirsten STOFFREGEN-PEDERSEN (Sr. ABRAHAM), Die äthiopische Kirche von Afrika bis nach Jerusalem. 2000 Jahre afrikanisches Christentum (Aphorisma. Kleine Schriftenreihe 21), Trier ³1998.

Edward ULLENDORFF, The Ethiopians. An Introduction to Country and People, London
³1973.

Edward ULLENDORFF, Ethiopia and the Bible (The Schweich Lectures), London 1967.

Rainer VOIGT, Die Erythräisch-Orthodoxe Kirche, in: Oriens Christianus 83 (1999) 187-
192.

Dietmar W. WINKLER, Die altorientalischen Kirchen im ökumenischen Dialog der Gegenwart, in: Christian LANGE/Karl PINGGÉRA (Hg.), Die altorientalischen Kirchen. Glaube
und Geschichte, Darmstadt 2010, 89–122.

Äthiopisches Christentum daheim und in der Fremde

Mesfin Feleke

1. Einführung

Nach kirchlicher Tradition entspringt die Quelle für das Christentum in Äthiopien bereits um das Jahr 1000 v.Chr. im Alten Testament durch die Verbindung Salomons mit der Königin von Saba (Makeda), nachdem diese in das Land Israel gereist war. Der Kontakt zu Jerusalem bestand fort und so wurde die Kunde vom Christentum im Jahre 34 n. Chr. durch den Schatzmeister der Königin „Kandake" nach Äthiopien gebracht (Apg.8,26). Durch einen regen Austausch mit Jerusalem blieb die Äthiopisch-Orthodoxe Kirche die einzige orientalische Kirche, bei der der Einfluss des Alten Testamentes noch heute im christlichen Ritus sichtbar ist. Durch Frumentios und Aidesios aus Tyros verbreitete sich das Christentum im 4. Jh. auch weiterhin in Äthiopien und wurde schließlich Staatsreligion. Während der Herrschaft der Könige Abraha und Atsbaha wurde Frumentios mit der Bitte, einen Bischof nach Äthiopien zu entsenden, zu Patriarch Athanasios dem Großen nach Alexandria geschickt. Jedoch wurde Frumentios selbst von Athanasios geweiht (328 n. Chr.) und kehrte somit als erster Bischof nach Äthiopien zurück. Eine langjährige fruchtbare Verbindung entstand zwischen der Koptisch-Orthodoxen und der Äthiopisch-Orthodoxen Kirche.

Durch Abba Frumentios, genannt *Abba Selema* („Vater des Friedens"; auch: *Kesate Birham*/„Erleuchter"; Fest am 26. des Monats Hamle = 2. August) wurde die christliche Botschaft, wie sie durch Philippos an den Hofbeamten der Königin Kandake weitergegeben worden war, ausgelegt und geordnet. Abba Selema brachte die Sprache Geez (semitisch, heute noch Kirchensprache) in ihre jetzige Form und übersetzte Schriften aus dem Syrischen, Griechischen und Koptischen. Dem Einsatz der Kirche ist es zu verdanken, dass auch die alte äthiopische Sprache über Schriftzeichen verfügt. Seit dem 4. Jh. gab es in Äthiopien bereits eine kirchliche Administration und Hierarchie. Die Beschlüsse der drei Ökumenischen Konzile wurden, wie auch von anderen orientalischen Kirchen, anerkannt.

2. Die Äthiopisch-Orthodoxe Kirche heute

Im Jahre 1974 wurde die kirchliche und staatliche Administration getrennt und die Kirche dabei enteignet. In dieser Zeit hatte die Kirche große Schwierigkeiten, den kirchlichen und sozialen Aufgaben nachzukommen. Aber anstatt in Lethargie zu verfallen, erstarkte sie angesichts der aktuellen Probleme. Die Kirche lehnte sich gegen die kommunistische Lehre des Atheismus auf, indem sie noch kraftvoller und eifriger das Evangelium verkündete. Die Gläubigen unterstützten ihre Kirche in dieser schweren Zeit verstärkt: Aus ihrer Mitte wurden Räte gebildet, zahlreiche neue Kirchen gebaut und das Gemeindewesen entwickelte sich allen Widerständen zum Trotz fruchtbar weiter.

Das Oberhaupt der Äthiopisch Orthodoxen Kirche mit 44 Diözesen in der Heimat und neun in der Fremde ist Seine Heiligkeit Patriarch Abba Paulos, Patriarch von Äthiopien, Erzbischof von Aksum und Etchege vom Stuhl des Heiligen Tekle Haymanot. Diözesen in der Fremde sind in Jerusalem, den Karibischen Inseln, Afrika (Djibouti, Südafrika, Sudan), Amerika, Kanada, Australien und Europa. Ausländische Diözesen wurden für die zahlreichen Gläubigen aus Jamaika, Lateinamerika und Äthiopien in der Diaspora gegründet. Die seit alttestamentlicher Zeit bestehende Verbindung der Äthiopisch-Orthodoxen Kirche nach Jerusalem besteht weiterhin. Dort vorhandene Besitztümer der Kirche sind allerdings verloren gegangen, da zur „Zeit der Prinzen" nichts mehr für deren Erhalt getan wurde. Erst in späterer Zeit wurden mit Unterstützung von Kaiser und Adel Grund gekauft sowie Klöster und Gebäude erstellt. Es sind im Heiliger Land nun noch sieben Klöster und einiger Grundbesitz vorhanden.

Der Äthiopisch-Orthodoxen Kirche gehören zurzeit ca. 45 Millionen Gläubige an, 400.000 Geistliche in den zahlreichen Klöstern und den 35.000 Gemeinden. Das heißt, dass von einer ca. 80 Millionen-köpfigen äthiopischen Bevölkerung rund 60% der Äthiopisch-Orthodoxen Kirche angehören.

3. Die theologischen Seminare

Die Äthiopisch-Orthodoxe Kirche hat mehrere theologische Seminare: Das erste Seminar ist Das *Holy Trinity Theological College* in Addis Abeba. Es gilt als die höchste theologische Bildungseinrichtung der Äthiopisch-Orthodoxen Tewahedo Kirche. Das College wurde von Kaiser Haylä Selassie gegründet, um das traditionelle theologische Bildungssystem um eine moderne Ausbildungsstätte zu ergänzen. Die Kaiser und Kaiserinnen vor ihm, angefangen mit Menelik II., hatten begonnen, moderne Bildungsinstitutionen in Äthiopien einzuführen, die sich nicht aus dem traditionellen Schulsystem herausentwickelten, sondern dieses zu ersetzen trachteten. Die Äthiopisch-Orthodoxe Tewahedo Kirche, die sich in ihrer Klerikerausbildung weiterhin auf das traditionelle System stützte, war gezwungen, das moderne System in irgendeiner Form in ihre Ausbildung zu integrieren, wollte sie nicht ihren Einfluss in der Gesellschaft verlieren.

Kaiser Haylä Selassie hatte nach seiner Rückkehr aus dem englischen Exil 1942 die Gründung eines Forums für Priester auf seinem Palastgelände veranlasst, aus der sich nach und nach eine Lehrerausbildungsstätte unter dem Bildungsministerium entwickelte. Im Jahr 1960 schließlich wurde die Schule um eine *College*-Abteilung erweitert, die ein Jahr später mit der Eröffnung der Haile Selassie-Universität (heute: „Addis Abeba University") am 18. Dezember 1961 zu einer ihrer Fakultäten aufstieg.

In den Jahren bis zu seiner Schließung durch das kommunistische Regime im Jahr 1975 spielte das *Holy Trinity Theological College* (HTTC) eine zentrale Rolle innerhalb der Äthiopisch-Orthodoxen Tewahedo Kirche als seine wichtigste theologische Ausbildungsstätte. Viele gegenwärtige Bischöfe (z.B. Abune Paulos) und wichtige Kirchenmitarbeiter gingen aus ihm hervor. Nachdem es beinahe zwanzig Jahre lang geschlossen war, wurde das College im Jahr 1995 unter Patriarch Abune Paulos wiedereröffnet. Das *Holy Trinity Theological College*, das nach der nahe gelegenen Holy Trinity (*Qedist Selassie*)-Kirche benannt ist, untersteht heute dem Patriarchat.

Ungefähr 200 in einem Prüfungsverfahren ausgesuchte Studenten (alle Diakone) studieren drei Jahre bis zum „Diploma" oder fünf Jahre bis zum „Degree" in Theologie. In der „extension division" können auch Frauen studieren. Für weiterführende theologische Studien müssen die Absolventen noch ins Ausland gehen. Am 6. Januar 2007 hat jedoch Abune Paulos den Grundstein für die Erweiterung des Colleges auf Master- und PhD-Niveau gelegt.

Seit 2001 gibt es ein dem HTTC vergleichbares College in Mäkäle (*Kesate Birhan Selama Theological College*). Das *St. Paul Seminary* in Addis Abeba, das 1934 von Kaiserin Mänän gestiftet wurde, bietet ebenfalls eine moderne theologische Ausbildung bis zum Diplom-Niveau. Darüber hinaus ist es aber v.a. als erstrangige Ausbildungsstätte für traditionelle kirchliche Bildung bekannt.

4. Die traditionellen Kirchenschulen und Schulstufen der orthodoxen Kirche Äthiopiens

Die orthodoxe Kirche Äthiopiens besitzt ein einzigartiges Kirchenschulsystem. Berühmte Schulen haben sich auf ein Fach spezialisiert; aus ganz Äthiopien kommen Schüler zum Erlernen eines bestimmten Faches zu dieser Schule. Die Schulen sind nach einem Stufensystem aufgebaut. Der zumeist mündlich überlieferte Lernstoff wird auswendig gelernt und umfasst folgende Bereiche:

A. *Nebab Bet*   = Haus des Lesens

B. *Qeddase Bet*   = Schulen für die Aufgaben des Diakons und einfachen „Wochentagspriesters"

C. Höhere Kirchenschulen

   (a) *Zema Bet*   = Kirchengesang und Ritueller Tanz

   (b) *Qene Bet*   = Ge'ezsprache und Kirchendichtung

   (c) *Mats'haf Bet* = Bibelwissenschaften, Kirchenväter, Kirchenrecht

Innerhalb dieser drei Stufen – vergleichbar mit Primar-, Sekundarstufe und Universitäten – werden verschiedene Fächer gelehrt.

5. Die Äthiopisch-Orthodoxe Kirche im Ausland

Die Weltbevölkerung rückt in der heutigen Zeit immer mehr zusammen. Ebenso wie zahlreiche Menschen anderer Nationen in Äthiopien leben, halten sich Äthiopier aus unterschiedlichen Gründen im Ausland auf. Ein Großteil dieser Menschen lebt in Afrika, Amerika, Australien, Europa und dem Mittleren Osten. Eine Verbindung mit ihrer Kirche ist gerade für sie sehr notwendig. Auch diejenigen, die auf den Karibischen Inseln und in Südamerika leben („Ras-Teferians"), wurden Mitglieder der Äthiopisch-Orthodoxen Kirche und folgen ihrem Ritus. So dient die Äthiopisch-Orthodoxe Kirche nicht nur den Gläubigen in der Heimat, sondern allen, die ihrer bedürfen.

6. Die Äthiopisch-Orthodoxe Kirche in Deutschland

Seit 1974, als die Revolution begann, flohen besonders junge Äthiopier in das Ausland, nach Europa, auch nach Deutschland. Im Jahre 1982 begann die Äthiopisch-Orthodoxe Kirche auch die Diaspora in Deutschland zu betreuen. Begründer und erster Priester der deutschen Gemeinde wurde der jetzige Erzpriester der Äthiopisch-Orthodoxen Kirche in Deutschland und Pfarrer der Kölner Gemeinde St. Michael, Dr. Merawi Tebege. In Deutschland leben zurzeit etwa 20.000 äthiopische Staatsangehörige, davon gehören ca. 18.000 Personen dem äthiopisch-orthodoxen Glauben an.

Es wurden acht äthiopisch-orthodoxe Kirchengemeinden und drei Sonntagsschulen in Deutschland gegründet. Die erste Gemeinde war St. Michael in Köln, Debre Selam („Berg des Friedens"), die als Geschenk der Evangelischen Kirche in Deutschland ein eigenes Gotteshaus erhielt. Als zweite Gemeinde entstand St. Gabriel, Debre Bisrat („Verkündigung"), in München. Hinzu kamen die Kirchengemeinde zur Heilige Maria in Frankfurt/Main, die Emanuel-Gemeinde in Berlin, die Kirchengemeinde zur Heiligen Dreifaltigkeit in Nürnberg. sowie weitere Gemeinden in Stuttgart, Wiesbaden und Kassel.

7. Die Gemeinde St. Gabriel in München und ihre Aktivitäten

Von 1992 bis November 1993 formierten sich Gemeindemitglieder in München. Am 28. November 1993 wurde die äthiopisch-orthodoxe Kirchengemeinde mit dem Namen St. Gabriel offiziell gegründet.

In München und Umgebung werden ca. 2.500 äthiopisch-orthodoxe Christen betreut. Gottesdienste werden jeden Sonntag gefeiert, Bibelstunden werden jeden Samstag durch die Sonntagsschullehrer gehalten. Die Feste des Herrn, Weihnachten und Ostern, werden in München ebenso gefeiert wie zweimal jährlich das Patroziniumsfest der Pfarrei zu Ehren des Heiligen Gabriel. Beschlossen wird jede Veranstaltung durch einen Festabend mit Gebet, Gesang und Predigt. Einmal im Jahr haben wir ein Sommerfest, bei dem die Gemeindemitglieder, Menschen aus der Heimat und deutsche Mitbürger zusammen feiern.

Die Kirchengemeinde St. Gabriel hat ein eigenes Gemeindezentrum mit Gottesdienstraum und Räumen von Evangelisch-Lutherischen Kirche in Bayern angemietet. Es bietet Raum für verschiedene Veranstaltungen der Gemeindearbeit, wie z.B. Schulung in der Muttersprache für Kinder, Bibelkreise, Seminare, Chorprobe, regelmäßige Treffen der Gemeinschaften und Festveranstaltungen.

Die Gemeinde ist in Ökumene tätig; wir arbeiten mit der ACK in München zusammen. So hoffe ich, dass meine kurzen Bemerkungen zur Äthiopisch-Orthodoxen Kirchen Ihnen eine Botschaft unserer Mutterkirche und unserer Heimat vermitteln konnte, die im ökumenischen Geist die Verbindung zwischen den unterschiedlichen christlichen Kirchen stärkt und sie einander noch ein wenig näher bringt.

Die pfingstlich/charismatischen Bewegungen als aktuelle Herausforderung für die Äthiopisch-Orthodoxe Kirche

Jörg Haustein

Während meiner Feldforschungen zur äthiopischen Pfingstbewegung hatte ich einen Studenten kennen gelernt, der Mitglied einer charismatischen Gruppe orthodoxer Christen war. Ich bat ihn, mich einmal zum Treffen der Gruppe mitzunehmen und nach längerem Zögern und Nachfragen willigte er schließlich ein. Auf der Fahrt zu unserem abendlichen Treffen erklärte er mir, dass er um die Sicherheit der Gruppe besorgt sei und daher nicht mit mir zusammen in der Nähe des Versammlungsortes gesehen werden wolle. So trennten wir uns nach der Ankunft des Sammeltaxis und ich lief im Abstand von einigen Metern unprätentiös hinter ihm her. Es ist freilich schwierig als Ausländer in Äthiopien unbehelligt durch die Gassen zu gehen, und so kamen bald ein paar Jungs auf mich zu und fingen an, die üblichen, völlig harmlosen Späße mit mir zu treiben. Das provozierte nun wiederum die Gastfreundschaft meines Bekannten, so dass er sich trotz aller Bedenken umgehend wieder zu mir gesellte, mit der Bemerkung: „Whatever they do, this way they do it to me." Er beschloss nun mit mir gemeinsam einen Schleichweg zu nehmen, damit wir möglichst ungesehen am Treffpunkt ankommen. Wir gingen außen an der Wellblechsiedlung entlang und stiegen durch das fast ausgetrocknete Flussbett, das zugleich auch als Mülldeponie fungierte. Beinahe ging alles gut, doch kurz vor dem Erreichen unseres Ziels wurde ich erneut gesichtet, diesmal von Kindern, die meine Ankunft mit lauten Rufen „Ferenj! Ferenj!" („Ausländer! Ausländer!") begrüßten. Mein Gastgeber war offensichtlich nicht erfreut, dass seine kleine Versammlung nun mit einem Ausländer identifiziert werden würde. Das Treffen selbst war dann eher unscheinbar, weder laut noch besonders

pentekostal. Wir sangen ein paar Lieder aus orthodoxem Liedgut und disku-
tierten einen neutestamentlichen Text, es gab spontane Gebete und am Ende
noch ein wenig Gemeinschaft. Nach der Veranstaltung verließen die Mitglieder das Haus im Schutz der Dunkelheit und in einem zeitlich versetzten
Rhythmus als Sicherheitsmaßnahme. Ich fragte mich: Wozu die ganze Besorg-
nis für so ein unscheinbares Treffen?

Ein Jahr später verbrachte ich einige Wochen zur Feldforschung in der nördlichen Stadt Bahir Dar. Bereits im Bus auf dem Weg dahin kam es zu einer enga-
gierten Debatte zwischen einer jungen Pfingstlerin und einem älteren Orthodoxen. Ich beschloss daraufhin, in der Öffentlichkeit möglichst wenig von
meinem Projekt zu erzählen, um keine politischen Probleme für meine Informanten oder meine Forschungen zu erzeugen. Wenige Tage nach meiner Ankunft verwickelte mich ein Kellner in meinem Hotel in ein Gespräch. Auf die
Frage nach dem Grund meines Aufenthaltes sagte ich ihm nur, dass ich mich
für die äthiopischen Kirchen interessiere und diese studiere. Das schien zunächst seinen Informationsdurst zu befriedigen, aber am Ende fragte er mich
direkt, ob ich Protestant oder Orthodoxer sei. Ich antworte, dass ich protestan-
tisch aufgewachsen sei und dass Orthodoxe Christen in Deutschland eher eine
Minderheit seien. Kurze Zeit später kam ein anderer Kellner um meinen Tisch
abzuräumen und ließ bei den dabei anfallenden Floskeln immer wieder völlig
unvermittelt ein leises „in Jesu Namen" fallen, also: „Sind Sie satt? In Jesu Namen!" Nachdem er sich so mir gegenüber als Protestant zu erkennen gegeben
hatte, unterhielten wir uns noch ein wenig über seine Kirche. Dabei teilte er
mir im Flüsterton mit, dass die Schwestern des Hoteleigentümers auch
Pfingstlerinnen wären, was aber ihr Bruder selbst nicht einmal wisse.[1]

Diese konspirativen Begebenheiten in meinen Forschungen zur äthiopischen
Pfingstbewegung verweisen auf den ökumenischen Graben zwischen Pfingstlern bzw. Charismatikern und Orthodoxen in diesem Land. Es gibt praktisch
keinen institutionalisierten Dialog zwischen beiden Gruppen und in den klassischen orthodoxen Gebieten des Nordens kommt es gelegentlich sogar zu gewalttätigen Auseinandersetzungen. Zum Zeitpunkt meiner Untersuchungen in
Bahir Dar lag der letzte solche Aufruhr in dieser Stadt, der schließlich durch
polizeiliche Waffengewalt beendet wurde, gerade einmal zwei Jahre zurück.
Die öffentlichen Spannungen sind längst auch in Familien angekommen. Im-

---

1 Dies ist eher unwahrscheinlich, da eine der beiden Frauen mit einem Mann verheiratet
  ist, der eine orthodoxe charismatische Erneuerungsbewegung leitete und darüber öffentlich exkommuniziert worden war. Als ich diese Frau traf, meinte sie, dass sie schon über
  das Hotel von mir gehört habe.

mer wieder sind mir Jugendliche begegnet, die nach dem Übertritt zu einer pfingstlichen Kirche von ihren Eltern verstoßen worden sind.

Diese Spannungen sind Ausdruck einer beträchtlichen konfessionellen Verschiebung in diesem traditionell christlich-orthodox geprägten Land. Im Jahr 1984 wies der äthiopische Zensus ca. 2,1 Mio. Protestanten aus, was etwa 5,5 Prozent der damaligen Bevölkerung entsprach.[2] Bis 1994 hatte sich ihre Zahl auf 5,4 Mio. mehr als verdoppelt, der Bevölkerungsanteil lag bei 10,2 Prozent.[3] Der 2007 erhobene Zensus nannte schließlich die abermals mehr als verdoppelte Zahl von 13,7 Mio. bzw. 18.6 Prozent.[4] Der größte Teil dieses Wachstums scheint zu Lasten der orthodoxen Kirche zu gehen, deren Anteil sich im selben Zeitraum von 54 auf 43,5 Prozent verringert hat. Im christlichen Spektrum stehen somit mittlerweile 30 Prozent Protestanten den ca. 69 Prozent Orthodoxen gegenüber, ein Prozent sind Katholiken.

Es gibt keine verlässlichen statistischen Angaben über den Anteil der Pfingstler unter den Protestanten, aber die überwiegende Mehrzahl der klassischen protestantischen Kirchen muss in Theologie und Praxis dem pfingstlich/charismatischen Spektrum zugerechnet werden. Überall finden sich Zungenrede, Prophetie, Exorzismen und Heilungsgebete, selbst in den Hauptgottesdiensten. Die Struktur der Liturgie ähnelt sich in allen protestantischen Kirchen stark und Prediger werden regelmäßig untereinander ausgetauscht. Die größten klassischen protestantischen Kirchen Äthiopiens, die baptistisch beeinflusste Kale-Heywet Kirche, die lutherische Mekane Yesus Kirche und die mennoniti-

---

2 S. Transitional Government of Ethiopia, Office of the Population and Housing Census Commission: The 1984 Population and Housing Census of Ethiopia. Analytical Report at National Level. Addis Ababa: Central Statistical Authority, 1991, S. 60. Aufgrund der politisch ungünstigen Situation für Protestanten in der Derg-Zeit ist ihre Anzahl möglicherweise unterrepräsentiert.

3 S. Federal Democratic Republic of Ethiopia, Office of the Population and Housing Census Commission, Central Statistical Authority: The 1994 Population and Housing Census of Ethiopia. Results at Country Level. Volume I. Statistical Report. Addis Ababa: Central Statistical Authority, 1998. S. 129.

4 S. Federal Democratic Republic of Ethiopia, Population Census Commission: Summary and Statistical Report of the 2007 Population and Housing Census. Population Size by Sex and Age. Addis Ababa 2008, S. 17. Die regionale Varianz ist freilich erheblich, von mehrheitlich protestantischen Gebieten im Süden und Westen (70%) bis hin zu nördlichen ländlichen Gebieten, in denen gerade mal 0,1% der Bevölkerung zu protestantischen Kirchen gerechnet werden. Der Islam liegt bei 33,9% landesweit, traditionale Religionen 2,6%, Katholiken 0,7%. Diese regionale Varianz erklärt auch, warum die Zensusdaten beinahe überall auf Widerspruch gestoßen sind, denn die Vertreter jeder Religion erschließen sich die religiöse Vielfalt Äthiopiens von der Stärker ihrer Zentren her. In methodischer Hinsicht ist der Zensus aber nicht zu beanstanden und bleibt die reliabelste Quelle für äthiopische Religionsstatistik.

sche Meserete Kristos Kirche, sind in hohem Maße von der Pfingstbewegung beeinflusst und haben in ihren zentralen theologischen Verlautbarungen sowie Gottesdienstregularien pfingstliche Konzepte und Praktiken aufgenommen. Es gibt nur sehr wenige kleine Kirchen, die sich der charismatischen Bewegung explizit verweigern. Die derzeit gängige Bezeichnung für Protestanten in Äthiopien ist „Pente", ein vom amharischen Wort „Pentekoste" (Pfingsten) abgeleiteter Begriff, der zunächst als abschätzige Fremdbezeichnung auf Pfingstler angewendet wurde und später eine Ausdehnung auf alle Protestanten erfuhr und mittlerweile von ihnen auch als Selbstbezeichnung eingesetzt wird.[5]

Damit ist die ökumenische Situation in Äthiopien einigermaßen umrissen. Abgesehen von der in Äthiopien sehr kleinen katholischen Kirche und den antitrinitarischen Oneness-Pfingstlern stehen sich im Wesentlichen zwei Blöcke gegenüber, die Äthiopisch-Orthodoxe Kirche und die Protestanten, die als sog. Pente-Christen im öffentlichen Diskurs weithin mit pfingstlich/charismatischen Praktiken in Verbindung gebracht werden. Wie die eingangs geschilderten Begebenheiten bereits illustrierten, ist diese Gegenüberstellung überwiegend nicht von Dialog, sondern von gegenseitigem Misstrauen und sogar Feindschaft geprägt.

Im Folgenden werde ich einen kurzen geschichtlichen Überblick zur Pfingstbewegung in Äthiopien geben, der die historischen Ursprünge dieser kirchenpolitischen Situation aufzeigt. Daran anschließend ist die Lage der charismatischen Gruppen innerhalb der Äthiopisch-Orthodoxen Kirche zu umreißen, die ihrerseits die besondere Brisanz des Themas verkörpern. Ein kleiner ökumenischer Ausblick wird meine Betrachtungen abschließen.

1. Historische Ursprünge

Als die Pfingstbewegung in den 1950er Jahren nach Äthiopien kam, befand sich das Land in einer Phase des religionspolitischen Umbruchs. Das imperiale Zentrum Äthiopiens war zwar nach wie vor eng mit der Äthiopisch-Orthodoxen Kirche verwoben und Kaiser Haile Selassie I. hatte kein politisches Interesse, die gesellschaftliche Bedeutung der orthodoxen Kirche zu schmälern. Aber er bemühte sich dennoch darum, den politischen Einfluss der Kirche zu be-

---

5 Der Artikel zu äthiopischen Protestanten in der englischsprachigen Wikipedia ist ebenfalls mit „Pentay" überschrieben, ohne dass es hier eine Debatte zur Angemessenheit des Begriffes geben würde.
   S. http://en.wikipedia.org/wiki/P%27ent%27ay (10. 02. 2010).

grenzen und das modernisierende Potential westlicher Missionen in seinem Land zur Geltung kommen zu lassen. Die erste äthiopische Verfassung von 1931 enthielt sich daher auch aller religiösen Inhalte und erhob den Kaiser selbst zur zentralen Institution des Landes. Erst nach der italienischen Okkupation und Haile Selassies Rückkehr auf den Thron im Jahre 1941 wurden religionspolitische Fragen in der Gesetzgebung angegangen. Zunächst erließ die Krone Regularien zum Umgang mit ausländischen Missionen. Die Kerngebiete der orthodoxen Kirche blieben durch dieses Gesetz geschützt,[6] aber in den sog. Missionsgebieten des im 19. Jh. beträchtlich gewachsenen Territorialstaats wurden Missionen erstmals offiziell zugelassen. Addis Ababa wurde zu einer für Missionen offenen Zone erklärt, so dass Missionsgesellschaften nunmehr auch im Zentrum des Reiches offen agieren konnten. Auf das Missionsgesetz folgte der Ablösungsprozess der orthodoxen Kirche von der koptischen Mutterkirche, der von der äthiopischen Hierarchie zwar deutlich begrüßt wurde, aber die Kirche zugleich enger als je zuvor an den Kaiser band. Im Jahr 1955 schließlich wurde die äthiopische Verfassung revidiert und an zahlreiche westliche Prinzipien angepasst. Die Revision etablierte zwar nun ausdrücklich die Äthiopisch-Orthodoxe Kirche als Staatskirche und verflocht sie eng mit den kaiserlichen Institutionen, zugleich aber enthielt diese Verfassung erstmals die Zusicherung der ungehinderten Religionsausübung, sofern sie nicht den Gesetzen oder der öffentlichen Moral widerspräche. Diese Klausel wurde wiederum im bürgerlichen Gesetzbuch von 1960 aufgenommen, das davon ausgehend die Bildung nicht-orthodoxer religiöser Vereinigungen zuließ. Detaillierte Regularien für die Zulassung solcher Organisationen wurden 1966 erlassen.

Bereits ein Jahr später berief sich eine bis dahin unbekannte Gruppe auf die neue Gesetzeslage und begehrte die Registrierung als Religionsgemeinschaft unter dem Namen „Full Gospel Believers' Fellowship." Die Gruppe war ein Zusammenschluss pfingstlich-erweckter Studenten, die aus den seit den 1950er Jahren in Äthiopien angesiedelten finnischen und schwedischen Pfingstmissionen hervorgegangen waren und sich von ihnen getrennt hatten. Die Brisanz des Begehrens dieser Gruppe nach Anerkennung als Religionsgemeinschaft ist offensichtlich. Die neue gesetzliche Liberalität im orthodoxen Kaiserreich wurde hier zum ersten Mal beansprucht und noch dazu von einer Gruppe, die nicht unter dem Schirm einer ausländischen Mission stand und deren Vertreter der weithin anti-kaiserlichen Studentenschaft angehörten, die bereits seit den 1960er Jahren deutlich wahrnehmbar gegen die imperiale Herrschaft opponiert hatte. Nach sieben Monaten Wartezeit, in der es auch zu ersten Aus-

---

6 Hier waren nur entwicklungspolitische Aktivitäten der Missionen zugelassen, Konversionen bzw. Aufforderungen dazu waren dagegen streng untersagt.

schreitungen gegen eine Versammlung der Gruppe in Debre Zeit gekommen war, wurde das Ansinnen der Full Gospel Believers abgelehnt, womit auch all deren Versammlungen geschlossen werden mussten. Die Arbeit der äthiopischen Pfingstler sortierte sich neu, teils unter dem schützenden Dach der pfingstlichen (und mennonitischen) Missionen, teils in Untergrundversammlungen und Hauskirchen. In den folgenden vier Jahren verzeichneten die Pfingstler trotz zunehmender Gegnerschaft einen erheblichen Zuwachs. Es kam zudem zu ersten Abspaltungen, insbesondere in Form der antitrinitarischen Oneness-Pfingstler, die als erste überhaupt den Namen „Pentecostal" führten und deren Positionen für noch stärkere Irritationen in der öffentlichen Wahrnehmung sorgten.

Die Beziehung zur Äthiopisch-Orthodoxen Kirche war von Anfang an schwierig. Zwar hatte es in der jungen äthiopischen Pfingstbewegung immer wieder Stimmen und Initiativen gegeben, die darauf drangen, die Gruppe als orthodoxe Erneuerungsbewegung zu konstituieren, jedoch stießen solche Bestrebungen weder bei den aufgesuchten orthodoxen Jugendgruppen noch unter der Mehrzahl der Pfingstler auf Resonanz. Außerdem fanden die gelegentlichen gewaltsamen Angriffe auf pfingstliche Versammlungen in dieser Zeit zumeist mit der Billigung orthodoxer Priester, teilweise auch unter deren Führung statt. Es gab sogar Kontakte und Verhandlungen von Pfingstlern mit der orthodoxen Hierarchie, die jedoch zu keinem Ergebnis führten.[7]

Ende 1971 nahm der politische Druck auf Pfingstler erneut zu und kulminierte schließlich in der polizeilichen Auflösung eines Gottesdienstes in Addis Ababa und der Verhaftung von ca. 250 Gottesdienstbesuchern. Diese Entwicklung wird in der pfingstlichen Geschichtsschreibung gern der orthodoxen Kirche und derem neu gewählten Patriarchen Abuna Theophilos zugeschrieben.[8] Jedoch fehlen dafür sichere Belege. Die oft in Anspruch genommene Antrittsrede des Patriarchen vom Mai 1971 liest sich in zeitgenössischen Fassungen deutlich weniger dramatisch als in den späteren pfingstlichen Zitaten, und ein oft erwähnter anti-pfingstlicher Brandbrief der Sicherheitsbehörden an alle Provinzen vom November 1971 trägt zwar das Siegel der Äthiopisch-Orthodoxen Kirche, jedoch entpuppt sich dieses Faksimile bei näherem Hinsehen als eine spätere Kopie, die mit dem Siegel der Kirche zertifiziert wurde. Es ist zwar anzunehmen, dass die Äthiopisch-Orthodoxe Kirche ihre politischen Kontakte gelegentlich auch gegen die Pfingstler zu nutzen wusste, aber für ein systemati-

---

7 Vgl. Engelsviken, Tormod: Molo Wongel. A Documentary Report on the Life and History of the Independent Pentecostal Movement in Ethiopia 1960-1975. Oslo: Unpublished Manuscript, The Free Faculty of Theology, 1975.
8 So bereits ebd.

sches Vorgehen waren jene zur damaligen Zeit aller Wahrscheinlichkeit nach noch zu unbedeutend. Es deutet vielmehr einiges darauf hin, dass es die Regierung selbst war, die auf eine Durchsetzung der aus der Ablehnung der Registrierung folgenden Schließung drang, während etliche Pfingstler bereit waren, den Konflikt eskalieren zu lassen, um ihr Recht auf Religionsfreiheit deutlich zu markieren.

Die Verhaftungen von 1972 hatten ein längeres juristisches, journalistisches und kirchliches Nachspiel mit internationaler Wirkung. Sogar der ökumenische Rat der Kirchen (ÖRK) wurde angerufen, zu deren Gründungsmitgliedern die Äthiopisch-Orthodoxe Kirche gehört. Der ÖRK führte eine Untersuchung durch und sprach die Situation auf einer Konsultation mit dem äthiopischen Patriarchen an. All diese Bemühungen blieben jedoch ohne Ergebnis im Hinblick auf den legalen Status des Full Gospel Believers' Fellowship.

Nicht zuletzt deshalb setzten nicht wenige Pfingstler ihre Hoffnungen in die äthiopische Revolution von 1974, die zumindest in ihren Anfangstagen noch Religionsfreiheit verhieß. Eine Überarbeitung der äthiopischen Verfassung, die allerdings nie in Kraft trat, enthielt eine robustere Formulierung der Religionsfreiheit, und die Macht der orthodoxen Kirche wurde durch weitere Reformen stark eingeschränkt. Doch aufgrund der regionalen Zersplitterung der revolutionären Kräfte und des somalisch-äthiopischen Krieges wandte sich die Militärregierung in Addis Abeba bald wieder der alten zentralistischen Machtbasis von Thron und Kirche zu. Es begann ein Prozess der Gleichschaltung der Äthiopisch-Orthodoxen Kirche. Patriarch Theophilos, der sich im September 1974 noch deutlich hinter die Revolution gestellt und damit die Entthronung Haile Selassies mit ermöglicht hatte, wurde 1976 aus dem Amt entfernt, verhaftet und drei Jahre später brutal ermordet. Mit Abuna Teklehaymanot wurde ein einfacher Mönch als neuer Patriarch installiert. Unter seiner Führung wurde die heilige Synode mit der Entlassung von neun der 14 Bischöfe umgebaut. Er trat gemeinsam mit Mengistu auf Paraden auf und tat seine Unterstützung für die Revolution kund. Auch wenn er sich später als punktuell widerständiger Patriarch herausstellte, kam es doch nie zum Bruch mit der Regierung, und nach seinem Tod im Jahr 1988 erhielt er ein Staatsbegräbnis als erstes Oberhaupt der Äthiopisch-Orthodoxen Kirche überhaupt. Sein Nachfolger Abuna Merkorios bewies noch größere Nähe zum Regime Mengistu Haile-Mariams.

Die pfingstlichen Full Gospel Believers nahmen die neuen Freiheiten der Revolution schnell in Anspruch. Wenige Monate nach Haile Selassies Sturz veranstalteten sie bereits wieder öffentliche Gottesdienste in Addis Abeba und begannen ihr Netzwerk auf nationaler Ebene neu zu konsolidieren. Im Januar 1977 wurde der Kirche in Addis Abeba Land für ein eigenes Gebäude zur Verfügung gestellt, das Ende 1978 eingeweiht werden konnte. Jedoch hatte sich zu diesem Zeitpunkt die politische Lage bereits wieder gewendet. Nur elf Monate nach Eröffnung der ersten eigenen Kirche wurde die Full Gospel Believers' Church erneut verboten und ihr Vermögen beschlagnahmt. In den Provinzen war bereits zuvor eine härtere Gangart eingeschlagen worden, die Kirchen wurden überall geschlossen, Pfingstler verhaftet, gefoltert und ohne Gerichtsversammlungen bis zu sieben Jahre in Gefangenschaft gehalten. Die Kirche wurde erneut im Untergrund organisiert, wo sie bis auf wenige regionale Ausnahmen bis zum Ende des Derg verblieb. Die meisten der ursprünglichen Gründer der Kirche emigrierten in dieser Zeit.

Ab dem Ende der 1970er Jahre waren auch die finnischen und schwedischen Pfingstmissionen erhöhtem politischen Druck ausgesetzt. Missionare wurden ausgewiesen, Projekte der Missionen mussten dem Staat überantwortet werden, und schließlich blieben nur noch sehr kleine Vertretungen im Land, die überwiegend Entwicklungshilfe koordinierten und den Untergrundkirchen bisweilen im Geheimen halfen. Die Versammlungen der pfingstlichen Missionen wurden in die Unabhängigkeit entlassen und fast unmittelbar von der Regierung verboten und in den Untergrund gedrängt. Auch hier gab es Verhaftungen, Folter und langjährige Gefängnisaufenthalte. Die einzige pfingstliche Gruppe, die trotz repressiver Maßnahmen nicht komplett verboten wurde, war die antitrinitarische Apostolic Church of Ethiopia.

Im Zuge der Schließungen der pfingstlichen Kirchen gerieten auch die charismatischen Bewegungen in den etablierten protestantischen Kirchen in Bedrängnis. Die überwiegend baptistische Kale Heywet Kirche sowie die lutherische Mekane Yesus Kirche waren verstärkt politischen Repressalien ausgesetzt und versuchten daher die politisch eher unerschrockenen und im öffentlichen Diskurs verfemten Charismatiker in ihren Reihen unter Kontrolle zu bringen oder auszuschließen. Nichtsdestotrotz wurde der abschätzige Name „Pente" zunehmend auf diese Kirchen im Ganzen angewandt und Repressalien damit begründet. Wo protestantische Versammlungen geschlossen wurden, waren zudem die pfingstlichen Gruppen vor Ort meist besser organisiert und wuchsen beträchtlich im Untergrund, zumal die Kirchenleitung der Mekane Yesus Kirche gegen Ende der 1980er Jahre eine nicht unproblematische Nähe zu Mengistus Regime zeigte, während insbesondere die charismatischen Gruppen sich sozialistischer Indoktrination auch unter Strafe verweigerten.[9] Mit der großen Hungersnot von 1984 und der daraufhin einsetzenden Nothilfe verbesserte sich die Situation mancher Kirchen und Missionswerke, da

---

9 S. Eide, Øyvind M.: Revolution and Religion in Ethiopia. Growth and Persecution of the Mekane Yesus Church, 1974-85. 2 Aufl. Oxford: Currey, 2000. S. 247–248.

deren Hilfeleistungen durch den äthiopischen Staat gebraucht wurden. Ebenso konnten große protestantische Hilfsorganisationen wie World Vision eine dauerhafte Präsenz im Land etablieren.

Nach den langen Jahren des politischen Niedergangs der sozialistischen Militärdiktatur übernahm im Mai 1991 schließlich eine Allianz von Rebellentruppen die Macht unter Führung des heutigen Ministerpräsidenten Meles Zenawi. Obwohl diese Gruppen marxistische Wurzeln besaßen, hatten sie sich rechtzeitig den Idealen westlicher Demokratien zugewandt und sich die Unterstützung der USA gesichert. Die an einem ethnoregionalen Föderalismus orientierte Verfassung von 1994 garantiert nicht nur Religionsfreiheit, sondern erstmals auch eine Trennung von Kirche und Staat. Die alten kaiserlichen Bestimmungen zur Anerkennung und Registrierung religiöser Organisationen blieben bestehen und wurden von nun an auch in die Praxis umgesetzt. In einigen Gebieten, wie z.B. der überwiegend orthodoxen Provinz Gojjam entschied sich die Regierung sogar zur aktiven Förderung der religiösen Vielfalt, indem sie pfingstlichen und protestantischen Kirchen Grundstücke für Kirchengebäude und Friedhöfe zur Verfügung stellte.

Die orthodoxe Kirche war in diesen Zeiten erneut von politischen Umbrüchen betroffen. Unter dem Druck der neuen Machthaber dankte der Patriarch Merkorios 1991 ab, ging ins Exil und gründete dort eine Abspaltung der Äthiopisch-Orthodoxen Kirche. An seiner Stelle wurde 1992 mit Abuna Paulos ein Protegé des früheren Patriarchen Theophilos eingesetzt, der bis heute im Amt weilt. Die Pfingstkirchen forderten vielerorts erfolgreich ihre Liegenschaften zurück, wurden als religiöse Vereinigungen vom Staat registriert und hielten erneut öffentliche Versammlungen ab. Dabei zeigte sich, dass die meisten Kirchen im Untergrund beträchtlich gewachsen waren.

Die aus diesen Veränderungen hervorgegangene religiöse Pluralität blieb nicht ohne Probleme. In den mehrheitlich protestantischen Gebieten des Südens und Westens traten die Pfingstkirchen mit den klassischen Missionskirchen in einen teils sehr kontroversen Wettbewerb und die verstärkte Präsenz der charismatischen Gruppen in den evangelischen Kirchen trug ein Übriges bei. Im vorrangig orthodoxen Norden kam es dagegen vor allem zu Spannungen zwischen Orthodoxen und Protestanten, die dabei allesamt als „Pente" angesehen wurden. Die neuen Kirchen mussten sich die ihnen zugesagten Rechte auf Grabstätten, Kirchengrundstücke und Religionsfreiheit erst noch in der Praxis erstreiten. Zudem sorgte die in diesem Maße unbekannte öffentliche Präsenz der protestantischen Kirchen, wie bereits erwähnt, gelegentlich zu gewaltsamen Zusammenstößen.

Dieser kurze geschichtliche Überblick zeigt an, dass die Ankunft der Pfingstbewegung den ohnehin bestehenden Gegensatz zwischen Protestanten und
Orthodoxen in Äthiopien eher noch vertiefte. Noch bis zur Mitte des 20. Jh.
war der Protestantismus ein mit ausländischen Missionen verbundenes Phä-
nomen, das in Äthiopien überwiegend in die Peripherie geleitet wurde, während die Verbindung von orthodoxer Kirche und äthiopischem Kaisertum
weitgehend unangetastet blieb.

Dieser *modus vivendi* wurde zwar zunehmend von der wachsenden Sichtbar-
keit der Protestanten im Zentrum des Reiches in Frage gestellt, jedoch waren
es die unabhängigen pfingstlichen Gruppen, die Äthiopiens religionspolitische
Situation verschärften, indem sie, eingebettet in eine jugendliche Protestkultur
und ganz ohne ausländische Missionsorganisationen, nach staatlicher Anerkennung strebten und als erste die garantierten Verfassungsgüter testeten. Der
Umgang mit der unabhängigen Pfingstbewegung und den protestantischen
Kirchen überhaupt blieb eines der ungelösten Probleme des Kaiserreiches, das
durch die äthiopische Revolution strukturell verstärkt wurde.

Auch wenn diese sich bald in repressiver Weise gegen Pfingstler und Protestanten überhaupt wenden sollte, kam der Revolution doch in vielerlei Hinsicht eine katalysierende Funktion zu. Zum einen wurde das Ideal der unbe-
schränkten Religionsfreiheit erstmalig in einen Verfassungsentwurf aufgenommen, wenngleich dieser letztlich doch nicht ratifiziert wurde. Des Weiteren
wurde durch die Revolution die Jahrtausende alte Verbindung von Kirche und
Staat aufgelöst. Die spätere Gleichschaltung der orthodoxen Hierarchie bedeu-
tete nämlich keineswegs die Rückkehr zu alten Maximen, sondern ist als prag-
matischer Umgang mit der populären Macht der Kirche zu verstehen. Denn
die Legitimation des Staates leitete sich nicht mehr von der kirchlichen Unterstützung her, und während die Machthaber die Spitze der Äthiopisch-Orthodoxen Kirche an sich banden, attackierten sie doch zugleich massiv deren Basis. Schließlich wirkte die Revolution auch noch als Katalysator für die Verbreitung pfingstlich-charismatischer Gruppen unter Protestanten. Die undifferen-
zierte Anwendung des Begriffs „Pente", sowie die Abdrängung vieler lokaler
Gemeinden in den Untergrund, wo die zumeist früher geschlossenen pfingstlichen Versammlungen bereits etabliert waren, verlieh den pfingstlich/ charismatischen Gruppen eine Gegenidentität zum sozialistischen Gesellschaftsent-
wurf und begründete deren Attraktivität, sowohl für Protestanten als auch für
Orthodoxe. Das durch die Verfolgungen verliehene moralische Kapital wird in
pfingstlicher Geschichtsschreibung bis in die Gegenwart gern eingesetzt.

Das Ergebnis dieser Entwicklungen ist eine deutliche Spaltung des christlichen
Lagers in Orthodoxe und „Pentes", die sich in den letzten 18 Jahren der plurali-

stischen Verfassung mit dem sprunghaften Wachstum des pfingstlich/ protestantischen Lagers eher noch verschärfte. Die Äthiopisch-Orthodoxe Kirche reagiert auf die protestantischen Herausforderung und den Verlust ihrer privilegierten politischen Stellung zumeist mit einer umso stärkeren Betonung ihrer langen Geschichte und ihrer Bedeutung für die äthiopische Kultur und Identität. Ihre Geschichte, auch die der letzten Jahrzehnte, schreibt sie als eine Geschichte der Kontinuität, in der Gott seine Kirche durch alle äußeren Anfeindungen hindurch rettet.[10] Der Protestantismus und mit ihm die Erneuerungsbewegungen in der eigenen Kirche werden als unäthiopische Eindringlinge und westliche Häresie verstanden, die Äthiopiens überkommene Religion, Kultur und Moral gefährden.[11]

Unter den Protestanten hat sich das pfingstlich/charismatische Motiv der verfolgten und im Untergrund wachsenden Kirche in den Geschichtsbüchern durchgesetzt. Die erlittenen Repressalien und Einschränkungen werden dabei meist deutlich der Äthiopisch-Orthodoxen Kirche und ihrem politischen Einfluss zugeschrieben. Die religiöse Freiheit im heutigen Äthiopien gilt als moralischer Sieg der verfolgten Gemeinden und deren Wachstum im Untergrund als Bestätigung Gottes. Aus dieser moralisch überlegenen Position wird der orthodoxen Kirche auch die Hand der Versöhnung entgegengestreckt, jedoch nicht selten verbunden mit dem Aufruf zur Erneuerung und Rückkehr zu den Wurzeln der Kirche, der sich aus einer verfallsgeschichtlichen Konzeption herleitet.[12] Zugleich gibt es auch klare Angriffe auf das äthiopische-orthodoxe Christentum: Pfingstler treiben vermeintliche Dämonen der Orthodoxie aus, die Heiligenverehrung wird als Götzendienst hingestellt und die orthodoxe Taufe wird von den meisten Kirchen nicht anerkannt.[13]

---

10 Vgl. z.B. General Secretariate of the Patriarchate of the Ethiopian Orthodox Tewahedo Church: የኢትዮያ ቤተ ክርስቲያን ትናንትና ዛሬ [Die Kirche Äthiopiens gestern und heute]. Addis Ababa: Commercial Printing Press, 1997.
11 S. z.B. Mengistu Gobeze, Asamenu Kasa: የቢተክርስቲያን ታሪክ ፪ቱጥር [Kirchengeschichte. Band 2]. Addis Ababa: Mahabir Kidusan, 2008, S. 165-169. Die Verlegerin dieses Buches, die Mahabir Kidusan (Versammlung der Heiligen), ist eine erfolgreiche orthodoxe Jugendbewegung, die der Sonntagsschulabteilung der Äthiopisch-Orthodoxen Kirche untersteht.
12 S. z.B. Bekele Woldekidan: ረሽይሻል. ሽው መጨረሻኢትዮኢያ እና የመጨረ [Erweckung. Äthiopien und das letzte Ende]. Addis Ababa: Addis Ababa Full Gospel Believers' Church, 2002, S. 263-266.
13 Die einzige Ausnahme ist die Mekane Yesus Kirche, die jedoch mit der Praxis der Kindertaufe im protestantischen Spektrum allein steht (von kleineren lutherischen Kirchen abgesehen).

2. Zur Rolle der charismatischen Gruppen

Angesichts dieser Spannungen und gegenseitigen Ablehnung wird es kaum überraschen, dass charismatische Gruppen innerhalb der orthodoxen Kirchen kaum Raum gewinnen können und entgegen ihrer eigenen Intention den ökumenischen Dialog gerade nicht befördern. Ich möchte dies an drei unterschiedlichen Fallbeispielen ausführen, die zwar unterschiedlich ausgehen aber dennoch derselben Dynamik folgen.

Am Anfang der 1990er Jahre begannen drei orthodoxe Christen, die dem äthiopischen Militär angehörten und in der Stadt Nazaret stationiert waren, eine geistliche Andacht auf ihrem Arbeitsplatz. Es war die Zeit des Umbruchs am Ende der äthiopischen Militärdiktatur, was erklären dürfte, dass die Versammlung nicht sofort aufgelöst wurde sondern beträchtlich wuchs, angeblich bis auf 120 Teilnehmer. Nach einiger Zeit verbot das Militär dann doch diese Aktivität und die Leiter der Versammlung wandten sich an die Äthiopisch-Orthodoxe Kirche, an den Abun ihres Distrikts, der ihnen im Januar 1991 die Benutzung einer orthodoxen Kirche für ihre Treffen ermöglichte. Nach einiger Zeit kam es allerdings zu Konflikten zwischen dieser Gruppe und einer anderen Gemeinschaft innerhalb der Ortsgemeinde. Als Grund dafür wurde einerseits der Musikstil der neuen Gruppe angegeben, der nicht der traditionellen äthiopischen Kirchenmusik folgte, und andererseits die Predigten, die sich ausschließlich mit Bibeltexten beschäftigten, unter Auslassung klassischer religiöser Texte und Heiligenlegenden der Äthiopisch-Orthodoxen Kirche. Hinzu kam, dass die Leiter der Versammlung begannen, Dämonen auszutreiben. Diese von Laien ausgeübten Exorzismen stellten nicht nur die etablierten kirchlichen Hierarchien in Frage, sie unterschieden sich auch in ihrer Praxis deutlich von denen der Priester, indem auf religiös geweihte Gegenstände wie Kreuze oder Heilwasser verzichtet wurde. Es ist davon auszugehen, dass hinsichtlich Musik, Predigt und Exorzismen bereits pfingstliche oder zumindest protestantische Einflüsse in der Gruppe erkennbar waren, auch wenn solche historischen Bezüge in der Geschichtsschreibung der Kirche verschwiegen und alle diese Neuerungen direkt aus der Bibel abgeleitet werden.[14]

Die Gruppe wurde mehrfach bei übergeordneten Instanzen angezeigt, die sich jedoch nachgiebig zeigten, bis im Mai 1994 die Situation auf einem Gemeindefest eskalierte. Die dort zur Schau gestellte Praxis von Predigt, Exorzismen und

---

14 S. z. B. Mussie Alazar: Amanual-Mahiber. Foundation and Growth. Addis Ababa: unveröffentl. B.Th. Arbeit, Mekane Yesus Seminary, 2000; Mezgebu Tsemru: The History of Addis Ababa Emmanuel United Church. Addis Ababa: unveröff. Seminararbeit, Evangelical Theological College, 2002.

Heilungen erregte die öffentliche Aufmerksamkeit und überstieg offenbar das tolerierbare Maß. Der Treffpunkt der Gruppe wurde geschlossen und sie wurde des Geländes verwiesen. Aufgrund der bisher durchaus positiven Erfahrungen mit den kirchlichen Hierarchien, versuchte der Leiter einen Einspruch bei der Heiligen Synode zu erwirken, was aber misslang. Ebenso missriet der Versuch in einer anderen orthodoxen Ortsgemeinde Fuß zu fassen. Die ca. 500 Mitglieder der Bewegung sammelten sich daher zunächst in gemieteten Räumen und Hausversammlungen bis es ihnen unter Protesten gelang, von den örtlichen Behörden ein Grundstück für ein eigenes Gebäude zu erwirken.

Eine ähnliche Situation hatte sich in Addis Ababa in der Michaels-Kirche entwickelt. Einige Jugendliche hatten eine Gruppe unter dem Namen „Yemariam Tsiwa Mehabir" gegründet. Nach eigenen Angaben war es das Ziel der Gruppe, gegen die wachsenden protestantischen Bewegungen ihre orthodoxe Frömmigkeit zu intensivieren.[15] Jedoch konnte gerade diese Intensivierung auch als protestantisches Begehren aufgefasst werden, zumal es mit einer artikulierten persönlichen Frömmigkeit, einer anderen musikalischen Praxis, einem intensivierten Bibelstudium und der Möglichkeit weiblicher Leitung einher ging. Zudem kam die Gruppe mit einem Reformer ihrer Kirche in Kontakt, der eine evangelische Soteriologie vertrat und mit Apostelgeschichte 10 und 11 die orthodoxe Ablehnung von Schweinefleisch in Frage stellte. Innerhalb eines Jahres wurde die Gruppe aus der Kirche gedrängt und schloss sich dem Nazaret Amanuel Mehabir an.

In den Jahren danach richteten sich beide Gruppen theologisch neu aus. Zunächst versuchten sie sich in Abgrenzung zu den protestantischen Pfingstlern als eine spezifische orthodoxe Erneuerungsbewegung zu verstehen. Das trug ihnen ein jedoch erst recht das Interesse der etablierten Pfingstkirchen ein, da der Wunsch nach Erneuerung der eigenen Nationalkirche am Anfang der unabhängigen Pfingstbewegung gestanden hatte und für viele weiterhin bestand. Darüber hinaus wirkte der deutlich mit orthodoxen Elementen versetzte Musikstil ebenfalls attraktiv. Die Aufgeschlossenheit der Pfingstler für diese heimatlosen orthodoxen Gruppen führte aber nunmehr zu deren gradueller „Protestantisierung": Maria und die Heiligen verloren ihre Rolle als Vermittler bereits 1995, schrittweise wurde die Erwachsenentaufe eingeführt und die orthodoxe Kindertaufe nicht anerkannt, und am Ende dieser Entwicklungen stand die Einführung des Abendmahls in evangelischer Gestalt.

Das Amanuel Mehabir konstituierte sich als Denomination, baute Zweigkirchen, vor allem im protestantischen Süden und Westen des Landes, und be-

---

15 Interview mit einem Gründer der Gruppe, Addis Ababa, 28.03.2005.

nannte sich in Emmanuel United Church um. Im Jahr 2004 trat die Kirche dem Evangelical Churches Fellowship of Ethiopia bei.

Diese Kirche ist das größte und bekannteste Beispiel einer orthodoxen Erneuerungsbewegung, die sich zunächst innerhalb, dann außerhalb der Äthiopisch-Orthodoxen Kirche konstituierte und schließlich eine protestantische Identität annahm. Weitere Beispiele sind mir in der Forschung begegnet. Solche Entwicklungen sind freilich der deutlichste Beleg für die Befürchtungen der Äthiopisch-Orthodoxen Kirche hinsichtlich dieser Erneuerungsbewegungen und werden deshalb auch von den in der Kirche verbliebenen charismatischen Gruppen stark kritisiert.

Als Beispiel für diese Gruppen kann die Biographie eines Informanten dienen, den ich Fekadu nenne.[16] Fekadu war als orthodoxer Christ aufgewachsen und erwähnt Erinnerungen an seine Zeit in der Sonntagsschule. Nach seinem High School Abschluss habe er jedoch seinen Glauben verlassen und aufgehört, an Gott zu denken. Es war die Zeit der sozialistischen Militärdiktatur, der Fekadu nun zu dienen begann, indem er der Armee beitrat und eine Offizierslaufbahn einschlug. Vierzehn Jahre lang diente er in der Armee. Sein Leitspruch sei gewesen: „Iss heute, morgen bist du tot". Mit dem Regimewechsel von 1991 verlor er seine Position in der Armee, was ihn in eine tiefe existenzielle Krise stürzte. In dieser Zeit traf er einen „Bruder", wie er sagt, von dem er zum ersten Mal von Jesus Christus als Erlöser gehört haben will. Im Interview kommentierte er den Abschluss der Begegnung wie folgt: „In diesem Jahr bekehrte ich mich und empfing Christus als meinen persönlichen Erretter, wie die Pentes sagen. Muss ich das so sagen? Wenn ich das den Orthodoxen erzähle, sage ich es nicht so, ich sage einfach ‚Ich bin umgekehrt'."

Seine neuen christlichen Freunde waren Teil einer Erneuerungsbewegung in der orthodoxen Kirche, die auch charismatische Praktiken wie Zungenrede praktizierte. Fekadu wurde bald mit der Anforderung bekannt gemacht, sich als wiedergeborener Christ im Heiligen Geist taufen zu lassen und in Zungen zu beten. Er ließ dies jedoch nicht in der üblichen Weise durch Handauflegung geschehen, sondern erzählt, dass die Zungenrede in eher schockierender Art und Weise über ihn kam, als er im persönlichen Gebet vertieft war. Etwa drei Jahre später begann Fekadu eine theologische Ausbildung an einer pfingstlichen Bibelschule. Die Erfahrungen mit Praxis und Lehre an diesem College werden jedoch eher kritisch von ihm reflektiert, insbesondere im Hinblick auf die fehlende Ordnung im Gottesdienst und der Lehre von der Zungenrede als

---

16 Interview in Addis Ababa, 27.09.2003.

notwendigem Anfangserweis der Geisttaufe.[17] Fekadu setzte seine Ausbildung später an protestantischen Seminaren fort und erwarb einen Bachelor of Theology und den Master of Theology. Seine orthodoxen Freunde kritisierten seinen Ausbildungsweg, während seine pfingstlichen Studienkollegen sein Verbleiben in der orthodoxen Kirche nicht verstehen konnten. Fekadu verweist bezüglich seiner Entscheidung für die orthodoxe Kirche auf einen Traum, in dem ihm Jesus erschienen sei und gesagt habe: „Bewahre meine Diener". Dies nimmt er als seinen Ruf zum Dienst in der orthodoxen Kirche an. Er strebt nach eigenen Angaben allerdings nicht das Priesteramt an, weil die Kirche Menschen wie ihn nicht die gute Nachricht predigen lasse.

Fekadu engagiert sich in einer charismatischen Reformgruppe der orthodoxen Kirche in Addis Abeba, der er als ein Hauskreisleiter und Mitglied des Leitungskomitees dient. Die Gruppe definiert ihr Ziel wie folgt: „Wir erkennen die orthodoxe Kirche als Kirche an. Indem wir die vom Evangelium abweichenden Wege korrigieren, wollen wir helfen, die Kirche auf ihre frühere Basis zurückzuführen, und in Gebet und Predigt den Gläubigen dienen, damit sie verändert werden."[18] Die Gemeinschaft ist ausschließlich in Hauskreisen organisiert, etwa zehn an der Zahl, mit je acht bis zehn Mitgliedern. Es wird erwartet, dass die Mitglieder ihre örtlichen orthodoxen Gottesdienste besuchen und nicht die pfingstlichen Gottesdienste. Die früheren gottesdienstähnlichen Treffen der gesamten Gruppe mit Chor, Predigt usw. wurden vor einigen Jahren eingestellt, vor allem unter dem Eindruck der sich von der orthodoxen Kirche abspaltenden Gruppen, die Fekadu sehr kritisch beurteilt. Insgesamt vertritt Fekadu eine hybride theologische Identität: Einerseits kritisiert er den fehlenden Respekt der Pfingstler vor der orthodoxen Kultur, da dieser eine Kontextualisierung des Evangeliums behindere. Zugleich bemängelt er, dass eine Vielzahl orthodoxer Bücher der Bibel widersprächen. Er akzeptiert die orthodoxe Taufe und nimmt am Abendmahl teil, aber erzählt von der seines Erachtens irrtümlichen Verwendung des Mariengebets in den Anfangszeiten der Gruppe, bis sich dessen Unwirksamkeit bei der Vertreibung von Dämonen gezeigt habe und das Vaterunser als einziges biblisch gestiftetes Gebet erkannt wurde. Diese theologische Hybridität zeigt sich auch in den Beziehungen seiner Gruppe zu beiden kirchlichen Lagern. Fekadu wurde von seiner orthodoxen Gemeinde wegen seiner Aktivitäten ausgeschlossen und besucht nun orthodoxe Gottesdienste in Stadtteilen, wo ihn niemand kennt. Andererseits hat

---

17 Dies ist eine Position, die von vielen aber nicht allen klassischen Pfingstkirchen vertreten wird. Ausgehend von den Erzählungen in Apostelgeschichte 2; 10 und 19, postulieren sie, dass die Geisttaufe immer vom anfänglichen Zeichen der Zungenrede begleitet sei.

18 Internes Dokument über die Ziele der Gruppe, das dem Verfasser von Fekadu zur Verfügung gestellt wurde.

sich auch die Zusammenarbeit mit pfingstlichen Predigern als unhaltbar erwiesen, da diese Mitglieder der Gruppe abwarben. Fekadu kommentiert die Entscheidung, sich von Pfingstlern abzugrenzen wie folgt: „Wir bauen keine Zäune um unsere Leute, aber wir wollen die Orthodoxen erreichen und nicht, dass unsere Leute von fremden Kulturen verdorben werden."

Neben den aus der orthodoxen Kirche ausgetretenen Gruppen und den im Geheimen organisierten Erneuerungsbewegungen gibt es noch einen dritten Typus orthodoxer Charismatiker, die sich einen halboffiziellen Status innerhalb der Kirche erarbeiten konnten. Zu diesen zählt das „Finote Hiwot Mahabir". Der Ursprung dieser Versammlungen dürfte in kirchlichen Freizeiten liegen, die ab 1990 von einem erwecklichen Priester namens Haile Leul geleitet wurden. Diese Freizeiten zum Weihnachtsfest und anderen großen kirchlichen Feiertagen konnten ca. vier Jahre lang stattfinden, bevor sie von der Kirche gestoppt wurden und die darin entstandene Bewegung sich zu Hauskreisen umgruppierte. Die Bewegung ließ sich dennoch offiziell als religiöse Gemeinschaft registrieren und ist landesweit organisiert. In Addis Ababa arbeitet sie meist unbehelligt, die Mitglieder gehen Sonntagmorgens zur orthodoxen Messe und treffen sich danach in ihrer eigenen Versammlung. Mein Informant aus dieser Gruppe, den ich Sewalem nennen möchte, empfindet diese Struktur als vorläufig.[19] Er ist Diakon der orthodoxen Kirche und möchte über kurz oder lang alle Versammlungen in die Veranstaltungsstruktur der orthodoxen Kirche integrieren. Das getrennte und zusätzliche Angebot sei aber jetzt noch nötig, da nicht so viel über die Erneuerungsbewegung in der Kirche bekannt sei und es so zu Missverständnissen kommen könnte.

Seine eigene Bekehrung beschreibt Sewalem mit einem orthodoxen Terminus, „tokilt". Er machte außerdem die Erfahrung der Geisttaufe mit Zungenrede, die aber mit Zweifeln an der angeblichen Notwendigkeit der Zungenrede einherging und schließlich in die Ablehnung der Lehre von der Zungenrede als Anfangserweis der Geisttaufe mündete. In den Jahren danach lehrte Sewalem über die Geisttaufe in verschiedenen Versammlungen landesweit und betete mit Menschen für den Empfang der Geisttaufe. Er glaubt, dass er die Gabe der Prophetie habe und bietet Heilungsdienste und Exorzismen an. In der Hauptsache leitet er eine Versammlung der Gruppe in Addis Ababa. Gelegentlich unterrichtet er Kurse über die orthodoxe Kirche im Rahmen pfingstlicher Seminare, in denen er um Verständnis für die Besonderheiten und Befindlichkeiten der Äthiopisch-Orthodoxen Kirche wirbt. Dieses Engagement hält er jedoch möglichst geheim und vermeidet auch sonst öffentliche Kontakte mit protestantischen Versammlungen, um kein Misstrauen zu erregen.

---

19 Interview in Addis Ababa 22.02.2005.

Sewalem meint, dass es in der orthodoxen Kirche genügend Raum für charismatische Gruppen gebe und diese schon immer da gewesen seien. Ausgehend von der Reformbewegung der Estifaniden[20] im 15. Jh. zeichnet Sewalem eine Kette immer wiederkehrender Erneuerungsbewegungen, über den Priester Aleqa Taye, der am Anfang des 20. Jh. mit protestantischen Missionaren kooperierte,[21] und einer Reformbewegung der 1950er Jahre in Gondar bis hin zu den charismatischen Gruppen am Ende der 1980er Jahre. Auch heute könne seine Bewegung mit der richtigen Strategie in der orthodoxen Kirche verbleiben, denn die kritischen Fragen ließen sich ausblenden. Bei der Teilnahme am Gottesdienst prüfe schließlich niemand, ob man sich vor Maria oder den Heiligen verbeuge; man solle halt nur nicht öffentlich dagegen predigen. Menschen, die aufgrund ihres Engagements von der orthodoxen Kirche ausgeschlossen worden seien, seien zu aggressiv vorgegangen und hätten damit Autoritätskonflikte ausgelöst.

Doch auch bei dieser vermeintlich besser integrierten Gruppe zeigt sich, dass eine charismatisch-orthodoxe Identität in Äthiopien nur schwer durchzuhalten ist. Bei einem Besuch des Treffens der Gruppe erkenne ich nur zwei orthodoxe Elemente: Sewalem verweist kurz auf den Tag im kirchlichen Kalender und als einziges Musikinstrument wird eine Trommel eingesetzt. Die Struktur und Inhalte der Versammlung ähneln aber eher einem normalen pfingstlichen bzw. protestantischen Gottesdienst, und der Prediger des von mir besuchten Treffens war sogar Mitglied der lutherischen Mekane-Yesus-Kirche. Immerhin wurde er von Sewalem für seine Anwendung der Zungenrede zurechtgewiesen: Prophetie sei akzeptabel für orthodoxe Besucher, nicht aber die öffentliche Zungenrede. Als ich meinen Eindruck einer eher pfingstlich-protestantischen Verfasstheit der Versammlung im Anschluss an das Treffen mit Sewalem besprach, antwortete er, dass genau dies das Problem der Bewegung sei. Die Mitglieder wollten eher wie Protestanten sein und zeigten wenig Verständnis für die Sensibilitäten und Gepflogenheiten ihrer Mutterkirche. Darum fungieren die Erneuerungsbewegungen auch nicht selten als individuelle Durchgangsstation einer Konversion zum Protestantismus.

---

20 Die Estifaniden war eine Sekte innerhalb der Äthiopisch-Orthodoxen Kirche um den Mönch Estifanos. Sie lehnten insbesondere die Heiligenverehrung der Kirche ab und stellten sich gegen den Kaiser Zära Yacob, der sie daraufhin verbot und verfolgte. S. Getatchew Haile: The Cause of the Estifanosites. A Fundamentalist Sect in the Church of Ethiopia. In: Paideuma. 29 (1983), S. 93–119.

21 S. Ezra Gebremedhin: Aleqa Tayye: The Missionary Factor in His Scholarly Work. In Getachew Haile, Aasulf Lande, Samuel Rubenson (Hrsg.): The Missionary Factor in Ethiopia. Frankfurt: Lang, 1998, S. 101–120.

Der tiefe ökumenische Graben zwischen Pfingstlern/Protestanten auf der einen Seite und Orthodoxen auf der anderen Seite wird also auch durch die orthodoxen charismatischen Gruppen kaum überbrückt, denn es bleibt nur wenig Raum für hybride Identitäten. Die erwecklichen Gruppen geraten schnell in Konflikt mit den traditionellen Fraktionen bzw. den Hierarchien ihrer Kirche und werden entweder in den Untergrund gedrängt oder entwickeln sich zu eigenständigen Kirchen mit einer eher protestantischen Identität. Damit bestätigen sie freilich als gleichsam sich selbst erfüllende Prophezeiung die von ihren Gegnern ausgesprochenen Warnungen vor einer kryptoprotestantischen Unterwanderung der Äthiopisch-Orthodoxen Kirche. Selbst Gruppen, die einen halboffiziellen Stand innerhalb der Kirche erreicht haben, sind in einer ähnlich prekären Situation, vor allem durch die geradezu durch sie hindurch zum Protestantismus konvertierenden orthodoxen Christen.

3. Theologische Herausforderungen und Gemeinsamkeiten

Die ökumenische Situation in Äthiopien ist also von einem spannungsgeladenen Gegenüber von Protestanten und Orthodoxen gekennzeichnet, das durch die pfingstlichen und charismatischen Gruppen und das mit ihnen einhergehende Wachstum protestantischer Kirchen noch verstärkt wurde. Angesichts dieser konfessionellen Verschiebung bleibt kaum Raum für Bewegungen oder Institutionen, die den ökumenischen Graben überbrücken wollen.[22]

Dennoch sollen diese Ausführungen mit einem Ausblick auf das ökumenische Potential enden. Denn obwohl der Einzug der pfingstlich/charismatischen Theologie und Frömmigkeit in Äthiopien die ohnehin kaum zu überbrückenden dogmatischen Differenzen zu Soteriologie, Taufe oder Pneumatologie eher noch vertieft hat, zeigen sich hin und wieder auch bemerkenswerte Konvergenzen zwischen Pfingstlern und Orthodoxen.

Zunächst kennen beide Exorzismen und Heilungsgebete als kirchliche Aufgabe und Praxis. Auch wenn sich die Art der Durchführung durchaus unterscheidet, haben Pfingstler in der Vergangenheit gerade hierin eine Nähe zur Äthiopisch-Orthodoxen Kirche gesehen und z.B. den in den 1970er Jahren bekannten Exorzisten Abba Wolde-Tensae aufgesucht. Die von der Aufklärung

---

22 Der einzige institutionelle Ort ökumenischer Zusammenarbeit zwischen Orthodoxen, Katholiken, klassischen Protestanten und neueren Pfingstkirchen ist die Ethiopia Bible Society. Die Übersetzungen werden von allen Konfessionen geprüft und anerkannt.

geprägte Theologie protestantischer Missionare hatte dagegen Mühe, sich zu diesem Thema zu verhalten.

Ein weiteres Gebiet ist kirchliche Musik. Die äthiopische Pfingstbewegung hat das protestantische Liedgut durchgreifend und nachhaltig verändert. Im Gegensatz zu den klassischen Missionskirchen findet man bei ihnen fast keine übersetzten westlichen Lieder, ihre Melodien sind an äthiopische Intonation angelehnt und ebenso wie die orthodoxen Kirchen pflegen sie eine ausgeprägte Chorkultur. Ihr Liedgut strahlt zudem weit über ihre Kirchen hinaus und wird auch von orthodoxen Christen geschätzt. Es ist zum Beispiel nicht ungewöhnlich, in Addis Ababa in einem Sammeltaxi zu fahren, das mit zahlreichen orthodoxen Ikonen geschmückt ist, in dessen Radio aber eine pfingstliche Kassette läuft.

Von orthodoxer Seite wird zwar kritisiert, dass Pfingstler und charismatische Erneuerungsbewegungen moderne Instrumente in den Gottesdienst eingeführt haben, aber diese Kritik übersieht, dass auch Pfingstler die typisch äthiopische Trennung von weltlicher und geistlicher Musik, „zuphan" und „mäsmur", eifersüchtig hegen. Es ist für einen pfingstlichen Gemeindechor undenkbar, zugleich auch Lieder mit weltlichem Gehalt zu produzieren. Aus demselben Grund werden auch moralische Verfehlungen bei Chormitgliedern streng geahndet. Zudem lässt sich unter Pfingstlern auch eine große Sensibilität für orthodoxe Kirchenmusik beobachten, etwa wenn Chöre mit traditionellen Musikinstrumenten und orthodoxen Christusliedern bei Pfingstlern auftreten.

Eine dritte deutliche Konvergenz zwischen Pfingstlern und Orthodoxen ist ein ausgeprägter Nationalstolz und die weitgehende Ablehnung ausländischer Missionen. Die äthiopische Pfingstbewegung hat sich sehr früh von ihren missionarischen Wurzeln gelöst und ausländische Einflüsse sowie Finanzen zumeist zurückgewiesen. In ihrem Selbstverständnis rekurrieren auch Pfingstler auf die lange Vorgeschichte der äthiopischen Kirche und verstehen sich als Erneuerung für dieselbe. Von Pfingstlern wie Orthodoxen hört man die Geschichten der Königin von Saba, der Bundeslade in Aksum und dem Kämmerer aus der Apostelgeschichte. Beide verweisen stolz auf die Eigenständigkeit und lange Geschichte der äthiopischen Kultur und polemisieren gegen den kulturzerstörenden Einfluss westlicher Mission.

Diese punktuellen Konvergenzen sind sicherlich keine ausreichende Basis für einen ökumenischen Dialog, aber vielleicht können Sie doch die gegenseitige Akzeptanz befördern helfen. Für die Äthiopisch-Orthodoxe Kirche könnte es in strategischer Hinsicht sogar gewinnbringend sein, das neue Wachstum des

Protestantismus nicht mehr als fremdgesteuerte ausländische Überformung misszuverstehen, sondern als Teil einer Suche nach authentischem äthiopischen Christentum in den Anforderungen der Moderne.

Äthiopische Pfingstler wiederum könnten im Studium der Geschichte und Theologie der orthodoxen Kirche einen Teil ihrer Wurzeln neu entdecken und ihre ureigene Erfahrung vertiefen: dass der Geist weht, wo er will.

Anhang

Friedrich Heyer (†): „Arbeitsfeld Äthiopien".
In: Die Hügelgasse. Das Zeitalter in der Erinnerung eines Theologen,
Heidelberg 2002, S. 199–214.

*Der evangelische Theologe Friedrich Heyer (*24.1.1908 in Darmstadt) hatte sein Lebenswerk der Konfessionskunde insbesondere der Ostkirchen gewidmet. In Göttingen 1938 promoviert, habilitierte sich Heyer 1951 mit der Arbeit „Die orthodoxe Kirche der Ukraine von 1917 bis 1945" an der Theologischen Fakultät zu Kiel, wo er als Privatdozent und dann als außerplanmäßiger Professor wirkte. In dieser Zeit leitete er zugleich die Evangelische Akademie Schleswig-Holstein, wo er eine Reihe von Tagungen zum östlichen Christentum veranstaltete. Im Jahr 1964 wurde er auf den Lehrstuhl für Konfessionskunde an der Heidelberger Theologischen Fakultät berufen. In Heidelberg verstand es Heyer, der ein begeisternder Lehrer war, einen Kreis engagierter Schüler um sich zu sammeln. Geschichte und Gegenwart der orientalischen Ostkirchen gehörten schon früh zu Heyers Interessengebieten. Persönliche Erfahrungen, von denen der folgende Text einen Eindruck vermittelt, erregten Heyers besondere Aufmerksamkeit für Äthiopien. Nicht nur wissenschaftliche Studien waren die Frucht der Beschäftigung mit Äthiopien, sondern auch praktische Hilfe. Zur Förderung der traditionellen Kirchenschulen, die in der Zeit des Kommunismus in ihrem Bestand gefährdet waren, gründete Heyer 1976, im Jahr seiner Emeritierung, die „Tabor Society. Deutsche Gesellschaft zur Förderung orthodoxer Kirchenschulen in Äthiopien e. V.". Am 10.4.2005 ist Heyer hochbetagt in Schleswig verstorben. – Der hier abgedruckte Text stammt aus Heyers Autobiographie, die in Form eines vervielfältigten Typoskriptes in nur wenigen Bibliotheken zugänglich ist. Zum Verständnis muss wohl nur so viel vorausgeschickt werden: Unter der Chiffre „Z." spricht Heyer von sich selbst in der 3. Person Singular.*

Lit.: Verena BÖLL, In memoriam Friedrich Heyer, in: Aethiopica 9 (2005) 229-231; DIES., „Heyer, Friedrich", in: Encyclopaedia Aethiopica 3 (2007) 26f.; Emanuel SEVRUGIAN, Friedrich Heyer. Nachruf auf ein bewegtes Leben, in: Armenisch-Deutsche Korrespondenz 127/128 (2005) 57-61; Christian WEISE, Friedrich Heyer – universaler Konfessionskundler und ökumenischer Kosak, in: Armenisch-Deutsche Korrespondenz 127/128 (2005) 54-56; DERS., „Heyer, Friedrich", in: Biographisch-Bibliographisches Kirchenlexikon Band 29 (2008) 621-659; DERS., Bibliographie Friedrich Heyer (Darmstadt 24.1.1908 – Schleswig 10.4.2005), ergänzt um allerhand Rezensionen, Frankfurt-Höchst 2009 [Ergänzung und Fortführung von DERS., Bibliographie Friedrich Heyer, in: Michael KOHLBACHER/Markus LESINSKI (Hg.), Horizonte der Christenheit. Festschrift für Prof. Heyer zu seinem 85. Geburtstag (Oikonomia 34), Erlangen 1994, 587-620].

Als Z. [......] 1956 zum ersten Male mit einem VW-Bus und deutschen Studenten quer durch Europa und den Vorderen Orient nach Jerusalem gefahren war, hatte ihn die Begegnung mit den äthiopischen Mönchen auf dem Dach der Grabeskirche in ihrem seligen Klösterchen Deir es-Sultan angerührt.

Nun konnte Z. seine Sehnsucht, die Christen am Horn Afrikas zu besuchen, nicht länger zurückstauen. 1963 landete er in Asmara, und die äthiopischen Abenteuer begannen: „Kaum gelandet fuhr ich mit der Kleinbahn durch Plantagen, die ihre Anlage durch italienische Kolonisten erkennen ließen, nach Kheren, weil ich wußte, dass ich, geleitet von Mönchen des dortigen Klosters, zum Sad Amba wandern könnte, jenem in die sudanesische Ebene hinausragenden Bergsporn, von dessen Scheitel nach links und rechts tausend Meter, in spiegelmattem Quarz glänzend, die Wände abstürzen. Wie unerfahren war ich damals noch und welch unsinnige Leistung traute ich mir zu! Die Mönche von Kheren vertrauten mich einem sehnigen alten Führer an, der mir als erstes erklärte: „Morgen früh wandern wir los.“ „Nein!“, befahl ich, „Sofort!“ Und der Führer gehorchte. Es ging über Felsenterassen, noch ohne merklichen Anstieg. Im Dämmern erreichten wir eine fruchtbare Ebene, in der die Rundhütten eines Dorfes unter Palmbäumen lagen. „Das Beste“, sagte der Führer, „wir bleiben hier zur Nacht.“ „Nein“ sagte ich, „weiter!“ Beim Anstieg in der dünnen Luft fing ich an zu keuchen. Eine undurchdringliche Nacht fiel über das Land. Man sah nicht mehr die Hand vor den Augen. Der Führer blieb stehen und erklärte mir, er habe den Pfad verloren. Pfad? Auch bei Licht war oft nicht mehr zu erkennen, als dass über die Felsplatten eine etwas hellere Spur erkennbar war, weil Hunderte von nackten Füßen über den Fels getrampelt waren. Wildtiere schien mein Führer auch zu fürchten. Jetzt erlebte ich den Austausch der traditionellen Notsignale, den die äthiopischen Bauern anwenden. Mein Führer legte die Hände trichterförmig an den Mund und fing [200] an zu jodeln. Dann lauschte er, dann jodelte er wieder in hohen und tiefen Tönen. Da plötzlich ganz in der Ferne Hundegebell. Schließlich drang ein Jodelton zu uns und der in der Ferne Jodelnde und mein Führer tauschten immer wieder Jodelsignale aus, damit der aus der Ferne kommende die richtige Richtung anpeilen konnte. Dann tauchte der zur Rettung bereite fremde Bauer mit seinen Hunden vor uns auf und geleitete uns sicher in einer halben Stunde zu der Gruppe von Rundhütten, in denen er mit seiner Familie hauste. Die Bäuerin, einen goldenen Nasenring durch die Nasenflügel gezogen, bereitete den unvermuteten Gästen Kaffee: Grüne Bohnen eigener Ernte hingen in einem Sack im Gebälk des Tukuls und wurden auf dem offenen Feuer in der Hüttenmitte in einem Pfännchen gebrannt. Ein Tongefäß mit enger Zotte war inzwischen in die Glut gestellt. Das Wasser darin fing an zu sieden. Die im Mörser kleingestoßenen

Kaffeebohnen wurden eingefüllt, Salz hinzugetan und die Zotte des Tongefäßes mit einem Büschel Ziegenhaaren verschlossen, die beim Ausschenken in die kleinen Trinkgefäße wir ein Sieb wirkten. Der Hausherr verzichtete zu meinen Gunsten auf seine Lagerstatt – eine Kuhhaut, wie sie auch beim Tod eines Äthiopiers benutzt wird, um die Leiche darin zu verschnüren.

Erquickt brachen wir am frühen Morgen auf und erreichten, immer ansteigend, bald den Baumbewuchs hinter uns lassend, das Vorkloster des schimmernden Bergsporns, an dessen Nase der spitze Grat sich noch einmal zu einem kleinen Plateau weitet, auf dem die berühmten Mönche – an Zahl vielleicht 150 – von Sad Amba, dem Weißen Berg, siedeln. „Herabstürzen oder zum heiligen Kloster gelangen – das ist Gottesgericht", sagte mein Führer und hielt sich die Hände vors Gesicht, „schrecklich anzusehen! Wer Gottes Wohlgefallen nicht hat, stürzt die glatten Wände in die Tiefe." Wie werde ich reagieren, wenn ich den gefahrvollen Grat vor mir sehe?

Ich zeigte mich in diesem Fall als ein abendländischer Rationalist. Würde ich mir in den Alpen die alpinistische Fähigkeit zutrauen, die Klettertour zu bestehen – [201] gut, dann sollte mich nichts zurückhalten. Aber was ich mir in den Alpen nicht zutrauen würde, davor würde ich auch hier zurückscheuen. „Du sollst Gott, Deinen Herrn, nicht versuchen." Der Anblick des Bergs war bedrohend. Der Gang über den Gratweg schien mir ein Seiltänzerakt zu sein. Ein Mönch, ein Bündel am geschulterten Stab tragend, setzte Fuß vor Fuß und ging geraden Blickes hinüber. Ich aber sagte meinem Führer: „wir wandern zurück nach Kheren." Vor der ungeheuren Marschleistung überanstrengt, verfielen meine Muskeln in einen Krampf, als schon in der Dunkelheit die Nähe von Kheren zu erahnen war. Die Mönche im Kloster verachteten mich, war ich doch der Gottesprobe ausgewichen.

Später erkannte ich, daß es für äthiopische Klöster charakteristisch ist, dass ihr Zugang mit einer Probe der Risikobereitschaft des Besuchers verbunden ist. So feige wie in Sad Amba war ich nie wieder. So in Däbrä Damo.[1]

Die Neun Heiligen, antichalcedonensische syrische Mönche, von den byzantinischen Kaisern aus ihrer Heimat vertrieben, gründeten Ende des 5. Jh. die monastische Institution in Äthiopien. Aragawi, ihren Anführer, hatte eine Schlange die steile Felswand auf das Plateau von Däbrä Damo gehoben. Erzengel Michael stand mit gezogenem Schwert dabei, damit die Schlange dem Hei-

---

1 Publikationen entstanden: 1971 „Die Kirche Äthiopiens" und 1981 „Die Kirche in Däbrä Tabor". Eine Reihe von Aufsätzen verfolgte die aufregenden revolutionären Entwicklungen, die auch den Status der während 1600 Jahren mit dem Staat symphonisch lebenden Kirche tiefgreifend änderten. 1998 „Die Heiligen der äthiopischen Erde".

ligen kein Leid tue. Die Schlange ist heute durch ein Lederseil ersetzt. Die Mönche klimmen 60 Meter daran hoch, da und dort einen Fußhalt in einer Felsritze erspähend. Ich machte es ihnen nach. Die Kaminkletterei zum Steilaufstieg von Zuramba bestand ich oft.[2]

Ein äthiopischer Freund, Haile Gabriel Dagne (später Promovend bei Prof. Goldschmidt in Berlin, Erziehungsminister und äthiopischer Botschafter in Bonn) erklärte eines Tages: „In Äthiopien darf man nicht nur neugierig herumschauen. Hier gilt es etwas zu tun." Die an afrikanischer Entwicklung interessierte evangelische Institution „Brot für die Welt" gab dem Heidelberger Professor den Entwurf eines Projektes frei. Die Wahl fiel auf den Aufbau einer orthodoxen Kirchenschule neuen Typs in einer abgelegenen, von Kaiser Haile Selassie als aufsässig angesehenen und darum vernachlässigten Provinz, nämlich in Däbrä Tabor. 1971 zog eine Gruppe Heidelberger Theologiestudenten mit Z. zu dem Abenteuer hinaus, in den traditionellen orthodoxen Kirchenschulen der Region eine Begabungselite zu rekrutieren und mit den jungen äthiopischen Freunden die Fundamente für Boarding- und Schulräume ausheben. Die Maschinerie einer Tischlerwerkstatt ließ sich in Schleswig aufkaufen und wurde im VW-Bus der Studenten nach Däbrä Tabor geschafft, d.h. 12 km vor dem vorgesehenen Schul-Compound war die Trasse zu steil für den 30-PS-Motor. Auf einen Truck umgeladen und auf die Höhe 2800 über dem Meeresspiegel geschafft, wurden die Tischlereimaschinen für das künftige vocational training auf die grüne Wiese gestellt und der Werkstattraum erst anschließend darum errichtet.

Die traditionellen Kirchenschulen Äthiopiens waren damals vom Verfall bedroht. Sie hatten 1600 Jahre lang die äthiopische Kultur inspiriert. Ihre Schüler rekrutierten sich so: Knaben im Alter von etwa 12 Jahren, die sich berufen fühlten, verließen eines Nachts, ohne sich mit den Eltern zu beraten, ihr Zuhause, um nie wieder die Beziehung mit Vater und Mutter aufzunehmen. Mit dem Bergziegenfellumhang als streifende Scholaren kenntlich, wanderten sie ihre tausend Meilen zu den weiterhin berühmten Lehrern. Wo ihnen der Lehrer gefiel, richteten sie sich ihre Strohhütte als Unterschlupf für die Nacht ein.

---

2 30 Millionen orthodoxe Christen leben am Horn Afrikas. Um 330 übermittelten die jungen Seeleute Frumentius und Aedesius altkirchliche Traditionen Syriens an die Könige von Aksum. Wie gesagt: Ende 5. Jh. stifteten einwandernde syrische Mönche die monastische Institution. Der hl. Yared schuf eine archaische Hymnik.
   Von Heidelberg aus konnte Z. sich intensiver der äthiopischen Aufgabe widmen. Publikationen entstanden: 1971 „Die Kirche Äthiopiens" und 1981 „Die Kirche in Däbrä Tabor". Eine Reihe von Aufsätzen verfolgte die aufregenden revolutionären Entwicklungen, die auch den Status der während 1600 Jahren mit dem Staat symphonisch lebenden Kirche tiefgreifend änderten. 1998 „Die Heiligen der äthiopischen Erde".

Der aus dem Elternhaus ausgeschiedene Knabe gibt seinen Vaternamen auf und nimmt dafür den Namen seines Lehrers an – eine altkirchliche Tradition, die sich schon beim heiligen Eusebius und Basilius findet. Für ihren Unterhalt sorgen die „Tamari" selbst. Die Zeit des Sonnenuntergangs ist für sie der Augenblick des Nahrungsbettels bei den nachbarlichen Bauern. Im modernen Äthiopien wurde das Betteln zunehmend schwieriger. Wer in den Kirchenschulen die Gesänge des heiligen Yared (6. Jh.) oder die Kunst versifizierte Predigten in der Ge'ez-Sprache (der äthiopischen Gottesdienstsprache) zu entwerfen, gelernt hatte, konnte nicht Anschluss an eine Berufsausbildung in der modernen Gesellschaft finden. Das blieb den Absolventen der Regierungsschulen vorbehalten, deren Entwicklung Kaiser Haile Selassie nach seiner Rückkehr aus dem englischen Exil 1941 forciert hatte.

Diese Schulsituation bestimmte die Heidelberger Ankömmlinge, einen neuen kirchlichen Schultyp zu erfinden: traditionelle Kirchenlehrer und in modernen teacher training schools ausgebildete Lehrer verbanden sich zu einem kombinierten Lehrkörper, der die kostbaren kirchlichen Traditionen ebenso wie die heute angeforderten Realien vertreten konnten. Aus schulfernen Orten wurden die Knaben herangeholt, um in einem Boarding, das nach einem von der schwedischen Entwicklungshilfe entwickelten Baumodell errichtet wurde, aufgenommen zu werden.

Der neue Schultyp expandierte. Schon nach einem Jahr wurde den Heidelbergern in der Landschaft Woggera ein verfallenes Kastell aus der italienischen Besatzungszeit übereignet, das zu einer zweiten Schule ausgebaut wurde.

Das Kreisgebiet von Woggera, nördlich von Gondar, ist hoch gelegen. Dort ist es kalt. Die Äthiopier beschreiben Woggera in einem Gedicht:

„Gott hat Woggera also geschaffen:
Wenn man zum Haus hineingeht,
so hat man Rauch.
Wenn man aus dem Hause geht,
so hat man Wind.
Wenn man Korn isst,
so hat man Blähungen.
So hat Gott Woggera geschaffen."

Um Getreide für die alte Kaiserstadt Gondar anzubauen, hatte die italienische Besatzungsmacht ein befestigtes Lager in Dabat (Woggera) angelegt, ähnlich einem römischen Kastell am Limes. Die deutschen Kirchenschulgründer räumten den Schutt aus der verfallenen Festungsanlage und bauten in die Mauer ihre Schule.

Dadurch, dass die „Kindernothilfe" für die äthiopischen Schüler „foster-parents" (Pflegeeltern) anwarb und sich energisch im äthiopischen Schulwerk engagierte, breitete sich dieser Kirchenschultypus zu einem System von vierzig Kirchenschulen aus. Als sich angesichts der aktuellen Hungerkatastrophe in Äthiopien in den an den Durchgangsstraßen errichteten Camps eine unübersehbare Zahl von Waisenkindern ansammelte, deren Eltern Hungers gestorben waren, sah sich die „Kindernothilfe" dazu gedrängt, tausend Hungerwaisen Unterschlupf zu gewähren, die mit Helikoptern aus dem Hungergebiet ausgeflogen wurden. Man konnte bei der Gründung der ersten Schule noch nicht ahnen, welche Bedeutung diese Schulen für die Kirche, die sich in einer marxistische umstrukturierten Gesellschaft behaupten und legitimieren musste, noch einmal haben würden.[3]

Die Klöster Äthiopiens waren immer Sitz der Kirchengelehrsamkeit gewesen. Bethlehem Täklä Haymanot und Zuramba werden von den äthiopischen Orthodoxen als „ihr Oxford und Cambridge" bezeichnet.

Das Kloster Bethlehem besitzt eine historische Kirche, für die es in der äthiopischen Baugeschichte keinen Vergleich gibt. Auf einer kleinen Bergnase erbaut, die in eine weite, von hohen mattfarbenen Bergen umschlossenen Mulde hineinragt, ist der rektanguläre Steinbau im 19. Jahrhundert von Kaiser Yohannes IV. in eine Rundkirche mit konischem Grasdach eingehüllt worden. Tritt man durch den umhüllenden Bau, so steht man vor einem Wunder. Ein massiver Steinkern ist mit zentimeterstarken, fein gearbeiteten roten Platten gedeckt, wie man sie aus der armenischen Architektur kennt. Es ist nicht von der Hand zu weisen, dass hier armenische Architekten am Werk waren. Die Sangeskunst des Yared wurde in Bethlehem durch getreue Nachfolger tradiert,

---

3 Die Heidelberger Studenten, die 1971 ihre Erfahrungen in Äthiopien gesammelt hatten, konnten sich vom äthiopischen Thema nicht wieder lösen. Sie gründeten die „Tabor-Society, Deutsche Gesellschaft zur Förderung orthodoxer Kirchenschulen in Äthiopien e.V., Heidelberg".Um die Kontakte mit den äthiopischen Freunden zu pflegen, die ja in der Secondary School Englisch als Unterrichtssprache hatten, wurde dieser Vereinigung ein englischer Name gegeben. Die Universitätsgemeinde nahm Sammlungen für die Tabor Society in ihren Kollektenplan auf und jene Studentengruppe, die sich an jedem Mittwoch in der Frühe zu einem eucharistischen Gottesdienst in der Peterskirche zusammenfindet, sammelt seit vielen Jahren für die äthiopischen Kirchenschulen und schließt deren Arbeit in ihr Fürbittgebet ein. So kommen rund 30.000 DM im Jahr zusammen, zum großen Teil aus Studentenportemonnaies. Wenn man bedenkt, dass in dem Armutsleben, das dem äthiopischen Volk aufgenötigt ist, ein Kirchenlehrer schon froh sein kann, wenn er aus unseren Heidelberger Kollekten monatlich 50 Birr, d.h. 70 DM erhält, und ein Tamuri (Klosterschüler) überleben kann, wenn wir ihm im Monat 7 Birr auf die Hand geben, so staunt man, wieviel mit unseren Sammlungen in Äthiopien bewirkt werden kann.

durch Vater Sawiros und Vater Sandros. Etchäge Qale Awadi erfand unter Anweisung eines Engels den besonderen Zema-Stil.

Dieser Qale Awadi hatte kurz vor der Thronbesteigung des Königs Iyasu sein Werk geschaffen. Da entdeckte der König diese Kunst, die ihm darum besonders viel wert erschien, als durch die Verwüstungen des muslimischen Einfalls unter Mohammed Granj Traditionen zerstört waren. Der König ordnete an, dass alle Deggua-Studenten aus dem Reich in Bethlehem ihr Examen abzulegen hätten.

Das Kloster liegt einsam in den Bergen, so dass das äthiopische Sprichwort gilt: „Willst du eines Mannes Kraft brechen, so schicke ihn auf den Weg nach Bethlehem!"

Ein gleiches Monopol, allein berechtigt für ganz Äthiopien die Prüfungen in einem kirchlichen Lernfach abzunehmen, steht dem Kloster Zuramba zu, nämlich für die Sangeskunst des Semare Mawaset. Dank einer finanziellen Unterstützung durch die Tabor Society konnten in den vier Jahren 1975 bis 1979 nicht weniger als 56 „Hochschulstudenten" des Semare Mawaset sich als Kirchenlehrer habilitieren und gleichsam „Lehrstühle" im Land besetzen. Nach der Enteignung des Klosterlandes hätten Schüler und Lehrer ohne diese Hilfe ihr Leben nicht fristen können. Infolge einer Initiative der Tabor Society wurde für hundert Knaben, zum Teil von fernher herbeigewanderte tamari, zum Teil Bauernkinder aus den umliegenden Höfen, auf dem Bergrücken, ehe die Felsschroffen beginnen, eine Kirchenschule gegründet, in der der Kirchengelehrte und Mönch Memhir Wuhibiä Selassie Makonnen die religiöse Unterweisung erteilt.

Selbst in sowjetischer Zeit gewährte die russische Kirche jungen äthiopischen Theologen Stipendien zum Studium in Leningrad. Daraus sind fein gebildete äthiopische Bischöfe und Priester hervorgegangen, beispielsweise Dr. Meravi Tebege, der als Patriarchalvikar in Köln die äthiopische Kirche Deutschlands leitete, Dr. Be'ide Maryam Mersha, der als Kirchengeschichtsdozent in Addis Abeba wirkte, der tigrinische Bischof und Metropolit Gavriil, seit 1998 äthiopischer Bischof von Jerusalem.

Zu dem bedeutendsten Kirchenlehrer Haile Mikael im Mekana Jyasus Kloster des Awradja Este hatte der Heidelberger Promovend Dr. Merawi Tebege die Beziehungen hergestellt. Jetzt besuchte eine Delegation der Tabor Society dies Kloster zum ersten Male. Dieser Ort orthodoxer Gelehrsamkeit blickt auf eine rühmliche Tradition zurück. Der Adelsherr Eschetu Haile – der erste Äthiopier, der Ende des 18. Jahrhunderts aus den alten Chroniken ein Gesamtbild äthiopischer Geschichte herzustellen suchte – hatte das Kirchengebäude gestiftet. Vater Gäbrä Givirgis galt als ein „vieräugiger" Gelehrter, als Arat Eyna, der alle vier kirchlichen Disziplinen beherrschte. Als der äthiopische Episkopat aufgebaut wurde, wählte man mit Vorliebe gelehrte Mönche des Mekana Jyasus Klosters. So stammten die Erzbischöfe Gondars abuna Mikael und abuna Endreyas von hier. Das Kloster hatte manchen Schicksalssturm erfahren. Die italienische Besatzungsmacht brannte das Kloster nieder. Die Mönche begrüßten uns mit einem meisterlichen Aquaquam-Tanz. Wir überreichten Memhir Haile Mikael tausend Birr für seine sechzig Schüler. Erzbischof Merkurios, stets in unserer Begleitung, führte uns an den gewaltigen Bergklotz heran, der hinter dem Kloster aufragt: Mountain full of miracles: wilde Bienen in einer Höhle, eine dem heiligen König Yohannes II, der in Klosternähe residierte, gewidmete Kirche auf der Kuppe, salzhaltiges Wasser, das Mensch und Tier heilt, an seinem Fuß, ein altarförmiger kubischer Fels, genau an den Ort herabgestürzt, an dem früher das Timqat-Zelt den Tabot beherbergte, jetzt als Ruheplatz der Tabotat benutzt.

Bei der Audienz, die Patriarch Täklä Haymanot der deutschen Besuchsdelegation am 28. Januar 1984 gewährte, wies der Hierarch darauf hin, dass ihm die Neubelebung der Schule von Mahederä Maryam am Herzen liege und dass er uns bitten wolle, dem aus der Provinzhauptstadt Gondar nach Mahederä Maryam zu transferierenden Kirchenlehrer Memhir Gäbrä Egziabher (zu Deutsch: Knecht Gottes) ein Gehalt von wenigstens 110 Birr (etwa 170 DM) zur Verfügung zu stellen. Auf einer halsbrecherischen Landroverfahrt von zwei Stunden, wobei das Wasser des Srinj-Flusses mit seinen rissig-felsigen Steilufern zu durchqueren war, erreichten wir den traditionellen Schulort von Este aus. Nahe der Kirche hatten die frommen Bauern und Priester aus eigener Kraft Lehmbauten, im rechten Winkel aneinanderstoßend, für Lehrer und Schüler errichtet. Die Kirche von Mahederä Maryam wurde im 17. Jh. von König Särsä Dingil gestiftet, als dem Herrscher, der sich auf einem Kriegszug befand, an diesem Ort seine geliebte Gattin starb. Zum Gedächtnis ließ der Negus die großräumige Rundkirche bauen, die Kaiser Johannes IV. zwei Jahrhunderte später durch den Maler Aleqa Za-Yohannes ausmalen ließ. Ein großartiges Kunstwerk entstand auf allen vier Mauerwänden des Allerheiligsten. Besonders eindrucksvoll ist die Darstellung des zweiten Kommens Christi zum jüngsten Gericht: links und rechts begleiten Engel den wiederkommenden Herrn, Posaunen blasend oder die gottesdienstliche Trommel (Kabaro) schlagend. Darunter sieht man das Kreuz mit dem Speer, der in des Herren Seite stach, und den auf einen Stab gesteckten Essigschwamm, der zu des Herrn Mund geführt wurde. Totengebein wird von der Erde ausgeworfen. Zur Rechten des Herrn stehen lobpreisend die Geretteten mit hellen Gesichtern, zur Linken drängen sich, in fahlem Schwarz gemalt, die Verdammten. Auf dem Sockel ist – menschenfressend – der Teufel zu sehen, aber in Fesseln geschlagen. In der jetzigen Notzeit blicken äthiopische Christen zu dem am Ende der Zeiten die Welt summierenden Christus hin. Die Malerei des Za-Yohannes war so gut gelungen, dass der König, der verhindern wollte, dass je eine zweite Kirche so wunderbar ausgemalt werde, dem Künstler die Hände abhacken ließ. Man erzählt aber, der Aleqa habe nun mit Füßen die Kirche von Agere Selam ausgemalt.

Als in der Zeit der italienischen Besatzung (1936-1941) eine Gruppe italienischer Soldaten die Öffnung der Kirche zur Besichtigung der Malerei erzwingen wollte, obwohl doch ehrfürchtige Priester die Kirche tagsüber verschlossen halten müssen, haben die Italiener mit ihren Maschinenpistolen die widerstrebende Priesterschaft niedergemäht.

Die Idee, ein Amharic Church Dictionary zu edieren: Das äthiopische Patriarchat hatte einen qualifizierten Herausgeberkreis nominiert, dem als einziger Deutscher Z. angehörte. Als Folge der Revolution wurden Männer wie Dr. Haile Gabriel Dagne Erziehungsminister, Dr. Kinfe Riqb Vorsitzender des Religious Council, Dr. Mikre Selassie Präsident der Patriarchatsverwaltung, d.h. Mitglieder des Herausgeberkreises des Kirchenlexikons wurden durch andere Aufgaben absorbiert. Doch der äthiopische Althistoriker Prof. Sergew Hable Selassie übernahm die Federführung und brachte für die ersten Buchstaben des amharischen Alphabets die ersten Bände heraus – eine erstaunliche Leistung! Das Evangelische Missionswerk in Hamburg finanzierte dies Unternehmen.

In meiner Heidelberger Wohnung sammelte sich häufiger für ein paar Tage die Gruppe junger äthiopischer Theologen, die mit einem Stipendium unserer Kirche in Deutschland studierten, um Artikel, die ich verfasste, für unser amharisches Lexikon zu übersetzen. Sie lagerten sich des nachts auf Matratzen, die ich in Zimmern und auf dem Flur ausbreitete, und lebten von Mahlzeiten, die ich in meiner Küche bereitete.

Im Dezember 1984 konnte Z. den äthiopischen Kulturminister Girma Yilma – einen militanten Kommunisten – doch dafür gewinnen, dass der äthiopische Althistoriker Prof. Sergew Hable Selassie an dem aus dem Patriarchat ins Ministerium überführten Material weiterarbeiten könne. Das Material kam nach Heidelberg. 1991 war das monumentale Werk mit 4000 Seiten vollendet.

Da in Äthiopien „Radio Voice of the Gospel" in ein „Radio Voice of the Revolution" umgewandelt wurde und die Gottesdienste im Rundfunk verstummten, vermittelte die Tabor Society die Sendung äthiopischer Gottesdienste an

Festtagen durch die „Deutsche Welle", die überall in Äthiopien mit Transistorgeräten gehört wurden.

Z. fing an zu erzählen:[4]

„Immer wieder bin ich beglückt, mit welchem Vertrauen die äthiopischen Christen, von den jungen Schülern bis zu den Erzbischöfen, mir begegnen. Es lässt sich genau das Datum angeben, an dem diese unverbrüchliche Zusammengehörigkeit entstand: Der Erzbischof von Gondar, abuna Endreyas, ein berühmter Kirchenlehrer und strenger Asket, hatte gerade sein Amt in der alten Kaiserstadt Gondar wieder übernommen, als ich zu Verhandlungen über die Schulen ihn aufsuchte. Es mochte bei meinem Aufenthalt 1975 oder 1977 gewesen sein – ich weiß es nicht, aber eines ist mir unvergesslich: Inmitten einer Klerikerversammlung erklärte der Erzbischof schroff abweisend, meine Schulgründungen seien ein fremdes Missionsunternehmen und hätten mit der heiligen Tradition der orthodoxen Kirche nicht das geringste gemeinsam. Ich solle gehen! Für mich ein schrecklicher Augenblick. So viele Strapazen, Nächte in den stinkenden Tukuls, Hemd und Haut voll von Läusen, Wanzen und Flöhen, ein Essen, dass man kaum herunterwürgen konnte, geldliche Opfer – und dies alles umsonst: ich schien an einem Missverstehen meines äthiopischen Partners endgültig gescheitert zu sein. Da verlor ich meine Fassung. Tränen traten mir in die Augen, ein Weinkrampf schüttelte mich. Das hatten die

---

4 Aus meinen Reisenotizen entstand eine ganze Zahl von Büchern und Aufsätzen über Äthiopien: Die Kirche Äthiopiens. Eine Bestandsaufnahme. Berlin, New York 1971; Die Tiere in der frommen Vorstellung der orthodoxen Äthiopier, OS 20 (!971), 97-114; Diakonischer Aufbruch in der Orthodoxen Kirche Äthiopiens, in: H. Ch. Von Hase u.a., Von der Armenpflege zur Sozialarbeit, Stuttgart 1971, 93-104; Die äthiopische Orthodoxie als russisches Forschungsthema, in: Kyrios 12 (1972), 199-232; F. Göricke - F. Heyer, Die äthiopische orthodoxe Kirche als soziale Institution, Heidelberg, Bielefeld 1974; Die orthodoxe Kirche inmitten der revolutionären Umwandlung der äthiopischen Gesellschaft, in: ÖR 24 (1975), 386-399; F. Göricke - F. Heyer, The Ethiopian Orthodox Church as Social Institution, in: IJWRS 10 (1976), 81-241; Vatertum im orthodoxen Äthiopien, in: Hubertus Tellenbach, Das Vaterbild im Abendland I, Stuttgart 1978, 83-94; Debra Tabor unter der Herrschaft des Ras Gugsa II, des Wondä Wossen und des italienischen Brigadiers Bilaro, in: KuSCH 4 (1978), 11-21; Die Orthodoxe Kirche Äthiopiens in der krisenhaften Zuspitzung der Lage des Landes, in ÖR 26 (1977), 196-204; TRE 1 (1977), 572-596, Art. Äthiopien; Die Kirche in Däbrä Tabor, Erlangen 1981, Oikonomia 13; Die Orthodoxe Kirche Äthiopiens im 5. Revolutionsjahr, in: ÖR 28 (1979), 327-333; Das historische Wegesystem in Debra Tabor und Gaynt, in: Archbishop Methodios of Thyateira and Great Britain, London 1985, 275-279; Die Orthodoxe Kirche Äthiopiens im 10. Revolutionsjahr, in:ÖR 34 (1985), 216-221; "Wir müssen immer Amen sagen", in: FAZ 37, 96 vom 25.4.1985, 11; Die Heiligen der äthiopischen Erde, Oikonomia 37, Erlangen 1998. Seit 1977 war die Zeitschrift "Kirche und Schule Äthiopiens" begründet, in der ich zahlreiche Artikel schrieb.

Äthiopier bei den hochnäsigen Europäern noch nie erlebt, ja nicht für möglich gehalten. Während ich mich schämte, die Selbstbeherrschung so weit verloren zu haben, fassten meine äthiopischen Partner diese Szene als einen goldenen Echtheitsbeweis auf. Seitdem kann ich die Äthiopier bitten, worum ich immer will, und es wird mir in vollem Vertrauen gewährt. Als ich einmal im Landrover des Erzbischofs von Gondar nach Norden in die Landschaft von Woggera fuhr, um die neugegründete Schule in Dabat zu besuchen, kam uns auf regennasser Straße einer der hochbeladenen Lkw entgegen, der Salzbrikkets, die in der Danakil-Wüste gebrochen waren, transportierte. Wie immer in Äthiopien werden solche Fuhren auch von armen Leuten als Transportmittel benutzt, die von den Lkw-Fahrern gegen geringes Entgelt hoch oben auf die Ladung gepackt werden. Der Lkw, der uns ausweichen wollte, geriet von der geschotterten Straßendecke ab, schlingerte und kippte in einer Weise um, dass eine äthiopische Frau mit einer ganzen Schar kleiner Kinder unter die ganze Last der Salzladung geriet. Ich stand an den Latten des Lkw-Aufbaus, dicht neben dieser Frau, konnte sie und ihre Kinder nicht sehen, aber die Hilferufe und das Wimmern der Kinder drangen an mein Ohr. Zärtlich versuchte ich sie zu beruhigen, zog mein Taschenmesser und versuchte verzweifelt die Stricke durchzusäbeln, die an den Planken verknotet waren. Und dann wurde das Wimmern der Kinder und der Mutter schwächer und schwächer – und erstarb. Wer sollte denn hier auch helfen in der weiten Einsamkeit der Berge und Viehweiden?

Tüchtige Helfer beim Aufbau der äthiopischen Kirchenschulen waren mein Sohn Andreas, der als Architekt den Lageplan von Däbrä Tabor Church School entwarf und für die Ausstattung der Tischlerei sorgte, und mein Assistent Jan Gerd Beinke, den man beim ersten Ansehen für einen Phlegmatiker hätte halten können. Beinke zeichnete sich durch ein feines Einfühlungsvermögen in die äthiopische Mentalität aus. Als „ato Dschan" war er bald eine populäre Figur. Unvergesslich ist mir der Anblick jenes Schwarmes jubelnder Kinder, die ihn, der auf einem durch seine Körperlast fast erdrückten Maultier vom Kloster Zuramba zur Hochstraße ritt, begleiteten. Sowohl Beinke als auch ich gerieten auf unseren Reisen mitten hinein in die Bürgerkriegswirren. Beinke war im im September 1975 in Däbrä Tabor zurückgeblieben, als die gegenrevolutionäre Truppe vom hohen Gunna hervorbrach, wenige Kilometer vor Däbrä Tabor eine militärische Einheit zerrieb und sich auf Däbrä Tabor zuwälzte. Grazmatch Admassu – ein tadelsfreier Adelsmann – mein Freund und Förderer des Schulaufbaus, der sich ein Äthiopien ohne kaiserliche Führung nicht vorstellen konnte und darum eines Nachts mit einigen beherzten Bauern die Polizeistation überfiel und deren Waffen raubte, befehligte die

Partisanen. Von ihm hätten wir nichts befürchten müssen. Aus Angst vor der
Plünderung der Stadt floh alles, bewegliche Habe auf dem Eselsrücken oder
auf dem eigenen Buckel.[5] Die Chinesen, die im Compound ihre
Straßenbaumaschinerie stationiert hatten, traf Beinke in wildem Durcheinan-
der an. Als sie das Lager in hektischer Eile räumten, nahm der dolmetschende
chinesische Parteifunktionär unseren Beinke mit. Im Abenddämmern zog der
große Konvoi der Lastwagen ab.

In Gorgora geriet ich in ein Rebellenscharmützel. Ich hatte mit Erzbischof
Endreyas eine Klosterinsel im Tana-See besucht, um zu prüfen, ob man den
Mönchen, die früher Geschenke aus der Privatschatulle des Kaisers empfingen,
durch Anlage einer bewässerten Zitrusfrüchte-Farm eine wirtschaftliche Fort-
existenz ermöglichen könne. Übrigens: Das Projekt wurde von „Brot für die
Welt" angenommen, doch die Gelder, die zur Fertigstellung der Anlagen bestimmt waren, wurden von der Development Comission des Patrairchats anders verwendet und wieder einmal war alle meine Arbeit umsonst. Als wir auf
der Rückfahrt in Gorgora landeten und zum Gebet zu der großartigen grasge-
deckten Rundkirche des Ortes gingen, fiel uns schon die Fülle des Militärs auf,
die uns begleitete. Als wir in dem Landrover zur Abfahrt bereit waren, stürzten
die Frauen und alten Männer vor die Räder des Wagens, zeterten und weinten
und schlugen sich die Brüste. Warum? EDU-Partisanen aus Gorgora hatten in
der Provinzhauptstadt Gondar eine Bombe vor der Polizeistation hochgehen
lassen und daraufhin waren die jungen Männer Gorgoras in einer Militärak-
tion festgenommen worden. Man rechnete mit Erschießung. Die Offiziere, die
das Militär in Gorgora befehligten, rissen gewaltsam die Mütter der Häftlinge
und die alten Männer an Armen und Beinen vor den Rädern des erzbischöfli-
chen Landrovers weg. Mit Gewehrkolben schlugen sie dazwischen und schrien
den Erzbischof an, er solle abfahren, denn man könne die Situation nicht halten. Da fielen auch schon von der Anhöhe, die die Fahrbahn säumte, die ersten
Schüsse. Die Kugeln zwitscherten um uns herum. Aber in großer Ruhe verbot
Endreyas dem Fahrer die Abfahrt, stieg aus dem Wagen, und dasselbe
Bischofskreuz, das sich zuvor die Soldaten zum Segen hatten auf die Stirn
legen lassen, reichte er nun den verzweifelten Müttern und den alten Männern

---

5 Die Stimmung in der Stadt war gespenstisch. Melake Tabor, der Leiter unserer Schule,
  riet dem Deutschen, sich im adventistischen Hospital in Sicherheit zu bringen, das
  gewiss verschont werde. Aber da das Krankenhaus mitten in der Stadt lag, fürchtete
  Beinke, nach Eroberung des Ortes in der Falle zu sitzen. Tatsächlich wurde das Hospital
  niedergebrannt. Auch in unserer Schule wurden ganz unsinnig die wertvollen
  Tischlereimaschinen kurz und klein geschlagen. Dass die Decken der Schüler geraubt
  wurden, wird man noch verstehen können. War es doch in den Nächten empfindlich
  kalt.

zum Kuss. Ich hatte auch die Gelegenheit, die stoische Gleichgültigkeit des englischen Falascha-Missionars Roger Cowly zu bewundern, der fast mit Verächtlichkeit auf die zwitschernden Geschosse reagierte. Noch am gleichen Abend begab sich Erzbischof Endreyas zum Gouverneur von Gondar, um für die Gläubigen Gorgoras einen Gnadenerlass zur Rettung ihrer Söhne zu erwirken.

Am gleichen Abend erfuhr ich, dass der große Kirchengelehrte Äthiopiens Dr. Ayelle gestorben sei. Welch glückliche Erinnerungen verbanden mich mit ihm! Als ich zum ersten Mal nach Gondar kam, hatte Ayelle die Kirchengelehrten der Stadt, die eine hehre Tradition vertreten, in einen Versammlungsraum des Gouvernementsgebäudes geladen zu einer zweitägigen Gelehrtenversammlung. Bei Ayelle war authentische Tradition zu lernen. Drei Mal zog ich mit der Trauergesellschaft um die Kirche, als wir Dr. Ayelle zu Grabe trugen. Übrigens: ein eigentümlicher Fall eines Doktortitels: Vom Kaiser verliehen, ohne jede Mitwirkung einer akademischen Instanz, und doch allseitig respektiert. Ayelle war noch einen Kopf kleiner als ich. Wenn er mich sah, hielt er mich, wie unter äthiopischen Freunden der Brauch, während des ganzen Gesprächs an der Hand.

Zu meiner Ausrüstung gehörte stets der edel geformte Silberlöffel, der mir bei meiner Taufe zum Patengeschenk gemacht worden war und mit dem ich als Kleinkind meinen Brei gelöffelt hatte. Er gehörte zu meinem Geschirr in der Studentenbude, und wenn in späteren Jahren der Saft einer Pampelmuse auszuheben war, schien mir dieser Löffel die richtige Größe zu besitzen. Ich legte ihn beim Decken des Tischs zu meinem Gedeck. Weilte ich in Däbrä Tabor, so gab ich den Löffel mit dem schmutzigen Geschirr dem von mir zur Hilfe angeheuerten Äthiopier Bezabeh. Nun muss ich die Story dieses Löffels erzählen: Aus der Provinzhauptstadt Gondar war ein Telegramm angelangt, unsere Kirchenschulen stünden in Gefahr. Gondar sei ein Ort, wo man sie retten müsse. „Fliegen Sie mit dem nächsten Flugzeug!" Ich Hals über Kopf zum Flugzeug gerannt. Dass ich den Löffel nicht dabei hatte, merkte ich erst später. Aber als nach zwei Jahren das Flugzeug der domestic services auf dem Flugfeld von Däbrä Tabor ausrollte und ich auf den grünen Rasen sprang, stand Bezabeh vor mir und präsentierte meinen Silberlöffel wie ein Soldat sein Gewehr.

Das äthiopische Unternehmen hatte ich von der Universität Kiel aus begonnen und in Heidelberg fortgesetzt. In Schleswig wird auch heute noch für „meine" äthiopischen Kirchenschulen gesammelt und die Aethiopica-Ausstellung im Landesmuseum Schloss Gottrop reizt zu äthiopischen Tagungen.

Autorenverzeichnis

H.H. Mesfin Feleke, Pfarrer der äthiopisch-orthodoxen Gemeinde zum Hl. Gabriel in München.

Jörg Haustein, Dr. theol., Wissenschaftlicher Mitarbeiter am Lehrstuhl für Religions- und Missionswissenschaft der Theologischen Fakultät der Ruprecht-Karls-Universität Heidelberg.

Michael Kleiner, Dr. phil., Historiker und Äthiopist, Marburg.

Karl Pinggéra, Dr. theol., Professor für Kirchengeschichte am Fachbereich Evangelische Theologie der Philipps-Universität Marburg.

አቡን ፡ ዘበሰማያት ፡ ይትቀደስ ፡ ስምከ ፡ ትምጻእ ፡ መ
ንግሥትከ ፡ ወይኩን ፡ ፈቃድከ ፡ በከመ ፡ በሰማይ ፡ ከማሁ ፡
በምድር ። ሲሳየነ ፡ ዘለለዕለትነ ፡ ሀበነ ፡ ዮም ፡ ወኅድግ ፡
ለነ ፡ አበሳነ ፡ ወጌጋየነ ፡ ከመ ፡ ንሕነኒ ፡ ንኅድግ ፡ ለዘአበሰ ፡
ለነ ፡ ኢታብአነ ፡ እግዚአ ፡ ውስተ ፡ መንሱት ፡ አላ ፡ አድ
ኅነነ ፡ ወባልሐነ ፡ እምኵሉ ፡ እኩይ ፡ እስመ ፡ ዚአከ ፡ ይ
እቲ ፡ መንግሥት ፡ ኃይል ፡ ወስብሐት ፡ ለዓለመ ፡ ዓለም ።

Pater Noster aethiopice